Pie Marie Rouard de Card

Hieronymus Savonarola und das Lutherdenkmal in Worms

Pie Marie Rouard de Card

Hieronymus Savonarola und das Lutherdenkmal in Worms

ISBN/EAN: 9783744631150

Hergestellt in Europa, USA, Kanada, Australien, Japan

Cover: Foto ©ninafisch / pixelio.de

Weitere Bücher finden Sie auf **www.hansebooks.com**

Hieronymus Savonarola

und

das Lutherdenkmal in Worms.

Von

P. Fr. Pius Maria Rouard de Card

Predigerordens-Provinzial, Dr. der Theologie.

Aus dem Französischen.

Zweite Auflage.

·

Wien & Gran.

Verlag von Carl Sartori,

Päpslicher und Primatial-Buchhändler.

1869.

Vorwort des Verfassers.

〜〜〜〜〜

Der Verfasser hat gegenwärtiges Büchlein für Deutschland geschrieben; indeß widmet er es auch mit Vertrauen Italien, wo Savonarola geboren ward, Frankreich und Belgien, wo sein Name volksthümlich geblieben ist. Er rechnet auf die Katholiken aller Länder, um dieser Protestation mehr Gewicht zu geben. Nur eine große Publizität vermag die Ungerechtigkeit des Wormser Denk= mals wieder gut zu machen.*) Mit Sorgfalt hat der Verfasser jede irritirende Frage vermieden; er wollte eine ruhige und ernst= hafte Erörterung und erwartet nur eine solche von den Gegnern, die sein Schriftchen etwa hervorrufen könnte.

Löwen, am Feste der heil. Rosa von Lima, 30. August 1867.

---

*) Die seit mehreren Jahren verzögerte Einweihung dieses Monumentes soll im Verlaufe des Jahres 1868 stattfinden. (S. Anh. Nr. 1.)

Hieronymus Savonarola und das Lutherdenkmal in Worms.

Mancher Punkt im Leben des Hieronymus Savonarola ist in geheimnißvolles Dunkel gehüllt geblieben. Ist es zu verwundern, daß die Gegner der katholischen Kirche oft genug versucht haben, dieses Dunkel zu ihren Gunsten zu deuten?

Luther soll auf seiner Reise nach Worms von einem Priester aus Naumburg Savonarola's Bild erhalten und dasselbe mit Ehrfurcht geküßt haben.*) Ohne Zweifel hat die Erinnerung hieran den Künstler, als er den Plan zum Lutherdenkmal in Worms entwarf, auf den Gedanken gebracht, Savonarola auf demselben neben Huß, Waldo und Wikleff figuriren zu lassen.**) Es ist dieses nicht das erste Mal, daß die protestantische Reform den Anspruch erhoben hat, Savonarola unter ihre Vorläufer zu zählen;***) aber vielleicht nie hat sie es in so auffallender Weise gethan. Ebenso hat sich vielleicht nie eine so feierliche Gelegenheit dargeboten, diese Frage einer ernstlichen Untersuchung zu unterwerfen.

---

*) Audin, Histoire de la vie et des doctrines de Luther. tome I., ch. XIX. — Indem Luther im Jahre 1528 den Commentar Savonarola's über den Psalm Miserere herausgab, nannte er ihn seinen Vorläufer.

**) Siehe die Beschreibung dieses Monuments, Anh. I.

***) Die Protestanten, sagt Bayle, halten Savonarola für einen der Ihrigen. Baldäus, Flaccius Jllyricus, Verheiden, Johann Wolfius, Beza, Wigner, Cappel, Düplessis Mornay, die Lutheraner Deutschlands, nennen ihn: den treuen Zeugen der Wahrheit, den Vorläufer der evangelischen Reformation, die Geißel der großen H . . . Babylon's, den geschworenen Feind des römischen Antichristes; den Luther Italien's. Die Protestanten haben auf ihn folgendes Dystichon gemacht:
En monachus solers, rerum scrutator acutus,
Martyrio ornatus, Savonarola pius.
(Perrens, Jérôme Savonarole, lib. III, cap. IX. Vergl. auch: Das Leben Savonarola's von Carl Meier, Berlin, bei Reimer 1836, welches, so sagt Cäsar Cantù, mehrere unedirte Aktenstücke enthält. — Ebenso: Rudelbach, H. Savonarola und seine Zeit u. s. w., Hamburg. 1835.)

1

Ich lege sie allen Unterzeichnern auf das zu Worms errich=
tete Denkmal vor. Mag ihre Begeisterung für Luther noch so
groß sein, sie können nicht im Sinne haben, dem Triumphe Luthers
einen Mann zuzugesellen, dessen Leben, Wirken und Lehre das
vollkommenste Widerspiel zu dem Leben, dem Wirken und der
Lehre des Reformators bildet. Ich lege sie allen Bewunderern der
protestantischen Reform vor; sie können, ungeachtet ihres Wunsches
dieselbe zu verherrlichen, einen Mann für dieselbe nicht in Anspruch
nehmen, welcher ihr nicht angehört. — Ich unterbreite sie allen
Künstlern, die, wie immer sie über das Werk Ritschl's denken
mögen,*) niemals vergessen dürfen, daß die Wahrheit das große
Gesetz aller Kunst sei, gemäß dem Grundsatze, den der heilige
Augustinus so richtig in folgenden Worten ausspricht: „Die
unveränderliche Wahrheit wird mit Recht das Gesetz aller Künste
genannt."**) Endlich lege ich sie allen unpartheiischen Männern
vor; sie können es nur mit Bedauern ansehen, daß die geschicht=
liche Wahrheit Partei=Interessen und Vorurtheilen geopfert wird.
Ich hoffe Allen zu zeigen, daß die Statue Savonarola's auf dem
in Worms zu Ehren Luther's errichteten Denkmal ein Unsinn ist.

Diese Protestation darf Niemanden Wunder nehmen. Als
Sohn des heiligen Dominikus glaube ich eine Sache zu vertheidi=
gen, die seinem Orden theuer ist. Ich glaube die Interessen der
katholischen Kirche zu vertheidigen, die auch das kleinste ihrer Kin=
der der Häresie nicht überlassen kann, nachdem es im Frieden
ihrer Gemeinschaft gestorben ist. Ich glaube nicht minder, die In=
teressen der Wahrheit und Gerechtigkeit zu vertheidigen.

Vor allen Dingen muß ich den Sinn meines Satzes genau
bestimmen.

Ich mache mich nicht anheischig, das Leben Savonarola's zu
schreiben, oder alle Punkte, die bisher in demselben dunkel geblie=
ben sind, aufzuhellen. Eine solche Arbeit würde, wenigstens für
den gegenwärtigen Augenblick, nicht zutreffend sein und mich zu
weit von dem Ziele der vorliegenden Streitfrage abführen, näm=
lich zu untersuchen, ob die protestantische Reform diesen

---

*) Ritschl, welcher den Entwurf des Denkmals von Worms gemacht
hatte, starb, ehe es vollendet, in Dresden.
**) St. Augustinus, De vera Religione XXXI.

ausgezeichneten Mann mit Recht unter ihre Vorläu=
fer zählen könne.

Meine Absicht kann es nicht sein, alle Handlungen Savona=
rola's zu vertheidigen; ich begreife es, daß viele derselben selbst
unter Katholiken verschiedene Auslegungen erfahren haben. Viel=
leicht werde ich einmal später meinen Gedanken über Savonarola
ganz aussprechen. Es ist der Gedanke des großen Papstes Bene=
dict XIV., der schrieb: „Er hat ein heiliges Leben geführt, und
der Ruf der Heiligkeit, welcher ihn im Leben umgab, hat ihn nach
seinem Tode überlebt."*) Auch führt derselbe Papst in seinem
dritten Verzeichnisse der durch ihre Heiligkeit berühmten und ehr=
würdigen Männer Savonarola an.**) Für jetzt halte ich mich an
dem einzigen Punkte, der besprochen werden soll. Ich will darthun,
daß die protestantische Reform den Namen Savonarola's unter
keinem Titel in Anspruch nehmen kann. Dies hoffe ich dadurch
zu beweisen, daß ich der Reihe nach einer Prüfung unterwerfe

       sein Privatleben,

       sein öffentliches Leben,

       seine Lehre,

       seinen Tod.

I.

Hieronymus Savonarola wurde zu Ferrara am 21. Sep=
tember 1452 geboren.

Ohne Zweifel ist er mit Rücksicht auf seine italienische Ab=
kunft ausersehen worden, auf dem Lutherdenkmale mit Huß, Waldo
und Wikleff zu figuriren; sie vertreten in der Idee des Künstlers
Deutschland, Frankreich, England und Italien.

Man könnte der Reform das Recht, welches sie sich über
diese vier Nationalitäten anmaßt, bestreiten. Der Augenblick scheint
sehr schlecht gewählt, England, das eine so klar ausgesprochene
Bewegung, zum Glauben des heiligen Eduard zurückzukehren,
offenbart, zu den Füßen Luther's in Bronze darzustellen. — Nach

*) De servorum Dei beatificatione, lib. III. XXV.
**) Elenchus beatorum servorum Dei, virorumque aliorum sanctitate
venerabilium et illustrium.

dreihundertjährigen Kämpfen und Verfolgungen gibt es auch noch ein katholisches Deutschland. — Frankreich bleibt immer noch die älteste Tochter der Kirche, und was Italien betrifft, so rühmt es sich heute noch, der Reform die wenigsten Anhänger und unter ihnen keinen Mann von Geist geliefert zu haben. — Wir sagen Nichts von den ersten Jahren des Hieronymus Savonarola, welche unstreitig der katholischen Kirche angehören. Dasselbe gilt von Luther, Melanchton, Reuchlin und allen Anderen, welche der deutsche Künstler geglaubt hat, in einer und derselben Darstellung vereinigen zu können.

Mit 22 Jahren verließ Savonarola heimlich das elterliche Haus, um sich bei den Predigerbrüdern in Bologna zu melden und das Ordenskleid zu empfangen. Die Bewunderung, welche er schon für die Lehre des heiligen Thomas empfand, soll ihn veranlaßt haben, den Orden des heiligen Dominikus zu wählen.*) Auch soll er, von tiefer Demuth erfüllt, vorgehabt haben, seinem Orden als Laienbruder zu dienen, und sein ganzes Leben hindurch sich den gröbsten Arbeiten zu unterziehen.**)

Wie dem auch sein mag, der Brief, den er zur Rechtfertigung seiner plötzlichen Abreise an seinen Vater richtete, läßt uns den Adel seiner Gesinnung zu gut erkennen, als daß wir ihn mit Stillschweigen übergehen könnten: „Ich zweifle nicht daran," so schrieb er ihm am 25. April 1475, „daß meine Abreise Euch Schmerz verursacht; er muß um so größer sein, weil ich mich heimlich von Euch entfernt habe. Aber zu Eurem Troste und um Euch zu zeigen, daß ich nicht wie ein unvernünftiges Kind fortgegangen bin, wie Mehrere glauben, will ich Euch in diesem Briefe meine Gedanken und meine Absichten erklären. Zunächst wünsche ich, daß Ihr in weiser Schätzung der vergänglichen Dinge Euch nicht, wie die Weiber, vom Gefühle leiten laßt, sondern, der Wahrheit ergeben, nach Eurer Vernunft urtheilt, ob ich verpflichtet war, die Welt zu fliehen und mein Vorhaben auszuführen. Der Grund, welcher mich zum Eintritt in den Orden bestimmt, ist dieser: Zuerst das große Elend der Welt, die Gottlosigkeit der Menschen, die Sünden der Unzucht und des Ehebruchs, die Räu-

---

*) Joannes Franciscus Pico Mirandulae, c. III. — Bzovius, tom. XVII, pag. 361.
**) Ibidem.

bereien, die Hoffart und Götzendienerei, sowie die gräulichen Gottesläſterungen, mit denen die Welt ſich befleckt; denn man findet Keinen mehr, der Gutes thut. Darum auch habe ich mir mehrmals im Tage unter Thränen den Vers wiederholt: „Heu! fuge crudeles terras! fuge littus avarum!“ Ich konnte die große Verderbtheit gewiſſer Völker Italiens nicht ertragen. Ich ſah die Tugend überall verachtet und die Laſter in Ehren. Das war meine größte Qual, die ich in dieſer Welt haben konnte. Drum bat ich täglich meinen Herrn Jeſus Chriſtus, er wolle mich aus dieſem Schlamme herausziehen, und ich richtete beſtändig an Gott dieſe heiße Bitte: „Notam fac mihi viam, in qua ambulem, quia ad te levavi animam meam.“ Als es Gott in ſeiner unendlichen Barmherzigkeit gefiel, hat er mir dieſen Weg gezeigt, und ich, obgleich unwürdig ſo vieler Gnaden, habe ihn betreten. Antwortet mir denn: Iſt es nicht eine große Tugend für einen Menſchen, die Beflekungen und Sünden dieſer elenden Welt zu fliehen, um wie ein vernünftiges Weſen zu leben und nicht wie ein Vieh unter den Schweinen? Und wäre es nicht undankbar geweſen, ſich zu weigern, dem rechten Wege zu folgen, nachdem Gott auf mein Gebet ſich gewürdiget hat, ihn mir zu zeigen? O mein ſüßer Jeſus! Lieber tauſendmal ſterben, als Dir jemals zu widerſprechen und undankbar zu ſein! Alſo, mein vielgeliebter Vater, weit entfernt, Thränen zu vergießen, ſollet Ihr vielmehr dem Herrn Jeſus Dank ſagen; denn er hat Euch einen Sohn geſchenkt, er hat ihn Euch bis zum zweiundzwanzigſten Jahre erhalten, und nicht damit zufrieden, hat er ſich gewürdiget, ihn unter ſeine Streiter aufzunehmen. Saget mir, betrachtet Ihr es nicht als eine beſondere Gnade, unter den Streitern Jeſu Chriſti einen Eurer Söhne zu haben? Entweder liebt Ihr mich, oder Ihr liebt mich nicht. Ich weiß, Ihr werdet nicht ſagen, daß Ihr mich nicht liebt. Wenn Ihr mich alſo liebt, da ich aus zwei Theilen beſtehe, nämlich aus Seele und Leib, welches von beiden liebt Ihr mehr, die Seele oder den Leib? Ihr könnt nicht ſagen: den Leib, denn das hieße, den niedrigſten Theil an mir lieben. Ihr habt alſo eine größere Liebe für meine Seele. Warum ſuchet Ihr denn nicht ihr Wohl? Ihr ſolltet Euch vielmehr freuen und ein großes Freudenfeſt über dieſen Triumph anſtellen. Ich weiß wohl, daß man es ſeinem Fleiſche nicht wehren kann, einigen Schmerz zu empfinden; aber

man muß denselben mit Hülfe der Vernunft bezähmen. Das ist
die Pflicht eines verständigen Mannes und eines großen Herzens.
Glaubet Ihr denn, meine Trennung von Euch hätte mich nicht
große Betrübniß gekostet? Niemals, seit ich geboren bin, habe ich
einen größeren Seelenschmerz empfunden, als in dem Augenblick,
wo ich meinen eigenen Vater verließ, um Jesu Christo meinen
Leib zu opfern und meinen Willen in die Hände von Personen
zu übergeben, die ich niemals gesehen hatte. Aber dann habe ich,
im Gedanken an Gott, und in Erwägung, daß er es nicht verschmäht hat, sich unter uns, elenden Würmern, zum Sklaven zu
machen, in mir nicht mehr die Kraft empfunden, auf seine süße
Stimme nicht zu hören, auf die Stimme meines Herrn Jesu
Christi, der spricht: „Ihr Alle, die Ihr mühselig und be-
laden seid, kommet zu mir und ich will Euch erquicken.
Nehmet mein Joch auf Euch und Ihr werdet die Ruhe
Eurer Seelen finden.“

Dennoch beklaget Ihr Euch über mich wegen meiner Abreise,
ich möchte sagen, meiner Flucht. So wisset denn: Es wurde mir
so schwer, Euch zu verlassen, daß, wenn ich Euch mein Herz eröff-
net hätte, dasselbe vor meiner Abreise meine Festigkeit überwältigt
und mich gezwungen haben würde, meinem Vorhaben zu entsagen.
Wundert Euch also nicht, daß ich geschwiegen habe. Uebrigens
habe ich hinter meinen Büchern auf dem Fenster einige Zeilen
zurückgelassen, um Euch über meine Handlungsweise aufzuklären.
Trocknet denn, ich bitte Euch darum, Eure Thränen, mein theurer
Vater! Verdoppelt nicht meinen Schmerz und meine Traurigkeit!
Gewiß! Ich bereue meinen Schritt nicht. Ich würde nicht zur Welt
zurückkehren, auch wenn ich glaubte, größer als Cäsar Augustus
zu werden. Aber ich bin letztlich doch von Fleisch, wie Ihr, und
meine Sinne streiten gegen meine Vernunft. Darum muß ich ge-
waltig kämpfen, um zu verhindern, daß der Teufel mir nicht auf
die Schultern springe, besonders, wenn es sich um Euch handelt.
Diese ersten so schmerzlichen Tage werden bald vorüber sein und
ich hoffe, wir werden dann beide in dieser Welt durch die Gnade
und in der andern durch die Glorie getröstet werden. Es bleibt
mir nur noch übrig, Euch als einen starkmüthigen Mann zu bitten,

meine Mutter zu trösten. Gewährt mir denn Beide Euren Segen. Ich werde immer für Eure Seele mit Inbrunst beten.

Bologna, 25. April 1475.

Hieronymus Savonarola, Euer Sohn.*)

Alle in diesem Briefe so schön ausgedrückten Gedanken hätte auch Luther passend niederschreiben können, wenn er in demselben Alter seinem Vater hätte schreiben müssen, um ihm seinen Eintritt in's Kloster zu erklären. Aber schon jetzt müssen wir einen großen Unterschied konstatiren. Niemals hat Savonarola seinen Schritt bereut. Niemals war er zur Rückkehr versucht. Im Augenblick seines Todes, als er sein Skapulier ablegte, konnte er, wie er es that, ausrufen: O heiliges Kleid, das ich bis zu dieser Stunde von jedem Makel rein bewahrt habe, lebe wohl! Weil ich mich von Dir trennen muß, so lebe wohl!

Von nun an verlief sein ganzes inneres, sein christliches Leben in der genauen Beobachtung aller Uebungen des Ordenslebens. Und wie faßte er dieselben auf? Hören wir ihn darüber selbst: Das Hauptbestreben des Ordensmannes muß Tag und Nacht darin bestehen, seine Seele durch Gebet, Betrachtung und ununterbrochen thätige Liebe mit dem Herrn, seinem Gotte, zu vereinigen. Ohne den Frieden des Herzens zu besitzen, wird ihm das niemals gelingen. Um aber den Frieden des Herzens zu besitzen, muß er von der Liebe zu den Geschöpfen und zu sich selbst ganz entkleidet sein; er muß es zur Verachtung und zum Hasse seines eigenen Lebens gebracht haben. Will nun aber der Ordensmann dies Alles erlangen, so muß er vor Allem eine jede der folgenden Regeln mit der größten Genauigkeit beobachten:

1. Er muß die Armuth, sowohl die persönliche, wie die der Genossenschaft, dergestalt lieben, daß er in seinem Herzen fest entschlossen sei, niemals etwas besitzen oder auch nur in seinem Gebrauche haben zu wollen, außer was ihm unumgänglich nothwendig ist, so daß er alle Reichthümer, große wie kleine, verschmäht, ja selbst bis auf die Kleider haßt, ohne die er doch nicht anständig leben könnte.

Ist sein Kloster arm, so soll er sich freuen, sich aber betrüben, wenn Alles im Ueberfluß vorhanden ist; sein Verlangen muß

---

*) S. Perrens. Hieronymus Savonarola. Paris, Hachette 1856.

dahin gehen, in der größten Armuth, ja selbst in der äußersten Noth zu leben; denn der wahrhaft Arme findet in der Armuth seine Freude.

2. Hinsichtlich des Gelübdes der Keuschheit soll er jede Ergötzung des Fleisches fliehen, so daß er nicht allein unerlaubter Vergnügen, sondern selbst erlaubter Scherze und Erholungen sich enthalte und niemals von der Strenge abweiche, die er sich auferlegt hat; er soll vielmehr, stets zürnend gegen sich selbst, seinen Leib innerhalb der Schranken eines vernünftigen Gehorsams züchtigen, alle sinnlichen Lüste unterdrücken, in keinem Punkte seine Begierden befriedigen, in Trauern und Weinen sein Gefallen finden und dem Herrn die Worte singen: Recogitabo tibi omnes annos meos in amaritudine animae meae. *)

3. Die Unterwürfigkeit unseres Herrn Jesu Christi unter seine Mutter Maria und unter den heiligen Joseph, der für seinen Vater angesehen wurde, und sein Gehorsam bis zum Tode, ja bis zum Tode am Kreuze, sollen seinem Gedächtniß stets gegenwärtig sein. Alle seine Fähigkeiten und alle seine Anstrengungen soll er dazu verwenden, nicht nur seinen Vorgesetzten, sondern auch seines Gleichen, ja selbst denen, die weniger sind, als er selbst, sich zu unterwerfen; Aller, auch des Allerletzten Diener zu sein, und ihnen, soweit es seine Stellung erlaubt, zu gehorchen, um mit dem Apostel sagen zu können: „Obgleich ich frei war, habe ich mich doch zum Diener Aller gemacht". **)

4. Er soll sich befleißen, seine Zunge zu beherrschen, so daß er nicht allein die Unterhaltung über verbotene Dinge meide, sondern sich auch müßiger und solcher Worte enthalte, die nur zum Lachen veranlassen. Selbst, wenn er von nothwendigen Dingen spricht, soll er es vermeiden, die Unterhaltung auszudehnen und in die Länge zu ziehen. Er ziehe es vor, zu hören und von Anderen zu lernen, als selbst zu reden und zu lehren; denn wir sündigen Alle in vielen Dingen, wer aber nicht durch die Zunge fehlt, der ist ein vollkommener Mann. Einen Religiosen täuscht der böse Feind in keiner Sache mit größerem Erfolge, als in den Sünden der Zunge, wodurch er ihn vom Gebet und der Betrachtung

---

*) Isaias, XXXVIII, 15.
**) Korinther, IX, 19.

abzieht. Diese beiden Dinge sind ihm aber so nothwendig, daß er von dem Augenblick, wo er darin nachlässig wird, oder sie ganz aufgibt, alle geistliche Kraft verliert und es seinem Feinde ganz leicht macht, ihn zu jeder beliebigen Zeit und nach seinem Wohlgefallen zu besiegen.

5. Er muß sich hüten vor Zerstreuungen und Allem, wodurch das Herz insgemein getheilt wird, z. B. vor dem Vorwitz der Sinne oder des Verstandes; denn, wer Alles hören, Alles sehen will, und Gefallen daran findet, nichtige Dinge zu erfahren, der theilt sein Herz in eine Menge von Dingen und bleibt fortan zerstreut und ohne Zerknirschung. Seines Nächsten Angelegenheiten und Handlungen soll er darum so sehr bei Seite lassen, daß er nicht einmal davon hören mag. Die Angelegenheiten des Konventes soll er denen überlassen, die damit beauftragt sind. Es gibt Viele, die in einem unvernünftigen Eifer, der nicht der Weisheit gemäß ist, sich in Alles einmischen wollen und so sich selbst unruhig machen. Alsdann füllt sich ihr Herz mit allerlei Einbildungen, mit Unwillen, Murren und zuweilen mit Neid, Ehrgeiz und Verläumbung gegen Vorgesetzte und andere Brüder. Hast Du kein Amt im Kloster, so freue Dich dessen; denn auf diese Weise kannst Du einen größeren Frieden erlangen. Hast Du aber ein Amt, so erfülle dessen Obliegenheiten mit Demuth und ohne Klage. Trachte niemals nach einem Amte, sondern bleibe in dem Frieden, worin man Dich läßt und nimm lieber die niedrigen Dienste auf Dich, als die, welche für ehrenvoll gelten. Mit einem Worte: Hüte Dich sorgfältig, soviel als Du ohne Verletzung der Liebe und des Gehorsams kannst, vor Allem, was Dich von der göttlichen Betrachtung und von dem Frieden ableiten kann; anders wirst Du niemals den Frieden finden.

6. Der Ordensmann soll die Unterhaltung mit Menschen, insbesondere mit Laien und mit zerstreuungssüchtigen Ordensleuten, aber noch weit mehr mit Weibern und mit seinen Verwandten meiden. Er soll die Einsamkeit lieben und sich nur dann sehen lassen und öffentlich erscheinen, wenn die Nothwendigkeit, der Anstand oder die Nützlichkeit es erfordern, und sich immer schnell zurückziehen. Bei all Diesem soll der Religiose gleichwohl Niemanden richten oder geringschätzen, vielmehr sich selbst verachten, wenig aus seinem Rufe machen und sich unwürdig erachten, das

14

Ordenskleid zu tragen und der Gemeinschaft mit den anderen Brüdern theilhaftig zu sein.

7. Er muß sich mit äußerster Sorgfalt und mit dem größten Eifer auf das Gebet und die Betrachtung verlegen, derart, daß er sehr oft, bei Tisch, wie in der Kirche, auf der Straße, wie zu Hause, beim Gehen, wie beim Ausruhen, seine Seele durch kurze Gebete zu Gott erhebt. Er wiederhole oft den Vers: Gott! Merke auf meine Hülfe. Herr! Eile, mir beizustehen; *) und jenen andern: Deine Barmherzigkeit, o mein Gott, sei mit mir .... auf daß ich ewig wohne in Deinem Hause. **) Auf diese Weise wird er die Ruhe der Seele erlangen und mit Gott so vollkommen vereinigt werden, daß er nur an ihn denken, nur ihn lieben kann, und in diesem Leben so zu sagen glückselig sein wird.

Wer nun diese sieben Regeln befolgt, der wird mit den sieben Gaben des heiligen Geistes erfüllt werden, und seine Seele wird unter dem Eindrucke dieses göttlichen Geistes jene Süßigkeiten verkosten, wovon der Apostel sagt: Kein Auge hat es je gesehen, kein Ohr hat es je gehört, und kein Menschenherz hat es je empfunden, was Gott Denen bereitet hat, die ihn lieben. ***) Er wird die Beschwerden des Ordenslebens für Nichts erachten und wegen der Größe seiner Liebe werden die Tage ihm kurz erscheinen. ****) Strengen wir uns an, meine Brüder, im Kloster die möglichst größte Vollkommenheit zu erlangen, dergestalt, daß wir an Vollkommenheit unserm Vater, der im Himmel ist, ähnlich werden und jene Krone erlangen, die er uns bereitet hat und dort aufbewahrt, wo er herrscht von Ewigkeit zu Ewigkeit. Amen!"

Mit der Abfassung dieser Rathschläge der Vollkommenheit hat sich Hieronymus Savonarola selbst gezeichnet und sein verborgenes, sein ganz innerliches Privatleben in wenigen Worten zusammengefaßt. So wird unter Katholiken die Vollkommenheit im Ordensstande aufgefaßt und geübt, und daß die Vollkommenheit Savonarola's diesen Charakter gehabt habe, wissen wir nicht allein von seinen gleichzeitigen Vertheidigern, welche dieses, ohne jemals

---

*) Pf. 69.
***) I. Korinther, II, 9.
**) Pf. 22.
****) Genes. XXIX, 20.

Widerspruch zu erfahren, behaupten konnten, *) sondern auch von
seinen Gegnern, die niemals gewagt haben, sein Privatleben zu
verdächtigen. Am Meisten aber spricht dafür die Ueberlieferung
von religiöser Heiligkeit, die er im Predigerorden zurückgelassen
hat. Während er im Gefängniß war, glaubten die Mönche von
St. Marcus sich bei Alexander VI. nicht besser entschuldigen zu
können, als dadurch, daß sie schrieben: „Wir sind durch den Schein
einer falschen Frömmigkeit verführt worden; sein reines Leben,
seine geheuchelte Andacht haben uns irre geleitet." **)

Der gelehrte Muratori faßt alle diese Zeugnisse in dem Satze
zusammen: „Man kann es nicht in Zweifel ziehen, daß Savonarola die reinsten Sitten und eine ausgezeichnete Frömmigkeit besaß."***)

Mit welchem Rechte dürfte denn nun wohl die protestantische
Reform das Privatleben Savonarola's für sich beanspruchen? Ich
begreife, wie dieses Leben die Bewunderung der heiligsten Personen
unter den Katholiken erregt habe, des heil. Philippus Neri, ****) der
heiligen Katharina von Ricci, †) des seligen Bartholomäus, der
seligen Katharina von Racconigi, der seligen Kolumba von Rieti, ††)
des heiligen Franciscus von Paula, †††) des seligen Sebastianus
von Brescia. ††††) Ebenso begreife ich die Volksbegeisterung, welche
mehrmal durch öffentliche Verehrung zu Tage getreten ist, †††††) sowie
die Anerkennung, welche mehrere Päpste, wie Paul III., Julius II.,
Clemens VIII., Benedictus XIV. seinem Andenken zu Theil werden ließen. Die Vollkommenheit, welche sie im Privatleben Savo-

---

*) Joh. Franciscus Picus della Mirandola. — Bioli. — Burlamacchi. —
Botticello. — „Als ich in Florenz war, lebte dort ein Dominikaner, Namens
Hieronymus, ein Mann von äußerst reinem und musterhaftem Wandel, welcher der Gegenstand der Bewunderung der Florentiner war." (Bzovius ad
ann. 1495, tom. XVIII, p. 419; 13, col. 1.)

**) Brief der Mönche von St. Marcus an Alexander VI., 21. April 1498.

***) Annalen Italiens, Band IX. Jahr 1498.

****) Prozeß der Heiligsprechung.

†) Ebendas. und Anhang, Nr. 7.

††) Bottonio, Addizioni al Burlamacchi.

†††) Siehe Anhang Nr. 3.

††††) Der sel. Sebastian von Brescia, von Clemens XIII. selig gesprochen, war sein Beichtvater, und so schreibt Burlamacchi: „La vita sua con
infinite laudi soleva esaltare." —

†††††) In der Approbation des Buches Palma Fidei des P. Petrus
Malpäus schreibt Bzovius: „Anno 1600, Roma in officinis publicis venales
exstare viderim imagines, in aere sculptas, cum hac inscriptione: B e a t i
H i e r o n y m i S a v o n a r o l a e O r d i n i s Fr. P r a e d i c a t o r u m, V i r-
g i n i s, D o c t o r i s e t M a r t y r i s, v e r a e f f i g i e s."

narola's bewunderten, ist keine andere, als die, welche überhaupt unter Katholiken verehrt wird. Aber wie können die Protestanten die Vollkommenheit des Ordenslebens, welches sie stets angegriffen und noch immer mit beißendem Spotte verfolgen, für sich in Anspruch nehmen? Wie können sie in dem Leben Savonarola's bewundern, was sie durch Anpreisung des Lebens Luthers verwerfen?

Welche von beiden Anschauungen nun der Wahrheit, dem Christenthum und der Lehre unseres Herrn am Meisten entspricht, untersuche ich gegenwärtig nicht. Ich stelle nur als Thatsache hin, daß Hieronymus Savonarola die Gelübde der Armuth, der Keuschheit und des Gehorsams Zeit seines Lebens beobachtet, Luther aber sich deren Verletzung zur Ehre angerechnet hat. — Ich stelle fest, daß Ersterer den größten Theil seines Lebens in klösterlichen Uebungen zugebracht, Luther aber denselben feierlich entsagt hat. — Ich beweise, daß die Vollkommenheit im Leben Savonarola's den katholischen Ideen entspricht, mit denen der Protestanten aber in gradem Widerspruche steht.

Hier liegt eine Frage der Ehrlichkeit und des redlichen guten Glaubens vor, und jeder unparteiische Leser wird einräumen müssen, daß Savonarola, wenn überhaupt in irgend einer Beziehung, doch sicherlich nicht in seinem Privatleben mit Luther irgendwie übereinstimme.

Wir werden sehen, daß er ebenso in seinem öffentlichen Leben Nichts mit ihm gemein hat.

II.

Das öffentliche Leben des Hieronymus Savonarola kann man in der von ihm beabsichtigten dreifachen Reform, nämlich der des Konventes von St. Marcus, der von Florenz und jener, welche er auf die ganze Kirche ausdehnen wollte, zusammenfassen.

Reform im Konvent von St. Marcus.

Im Jahre 1482 wurde Savonarola nach Florenz in den Konvent von St. Marcus geschickt, der durch die Tugenden und Talente des heil. Antoninus und des sel. Angelicus von Fiesole bereits berühmt war. Die Reinheit seiner Sitten und sein gründ-

liches Wissen wurden bald bemerkt und erwarben ihm die Hoch=
achtung seiner Brüder. Zum Prior gewählt, unternahm er es, den
Konvent von St. Marcus zu den schönen Tagen seines ursprüng=
lichen Eifers zurückzuführen; die Regel des heil. Dominicus gab
ihm die Mittel hierzu genügend an die Hand.

„Wir haben," so schreibt er an die Priorin von Pisa, „für
Essen und Trinken, wie für die übrigen Gebräuche keine andere
Lebensweise, als die unserer Regel und die unserer Konstitutionen,
indeß ist es wahr, daß wir einiges Ueberflüssige, was den Unter=
weisungen unserer Väter entgegen war, unterdrückt haben. So
haben wir beschlossen, sehr einfache Konvente zu bauen, uns in
grobes Tuch zu kleiden, alte und geflickte Kleider zu tragen, in
Nachahmung der Heiligen mäßig zu essen und zu trinken, in armen,
schmucklosen Zellen zu wohnen, das Stillschweigen zu beobachten
und in Betrachtung und Abgeschiedenheit von der Welt zu leben."

Die Strenge, welche er in diesem Hause einführte, blieb je=
doch dabei nicht stehen. Er führte die Betten anf einen mit einer
einzigen Decke belegten Strohsack zurück. Alle Güter des Konventes
von St. Marcus und des dazu gehörigen Hospitiums der heil.
Maria Magdalena ließ er verkaufen. Um den Geist der Armuth
unter den Religiosen zu erhalten, hielt er sie dazu an, Kleider,
Bücher und Zellen öfters untereinander zu wechseln. Er verbot
nutzlose Unterhaltungen, vorzüglich mit Personen des andern Ge=
schlechtes. Den höchsten Werth legte er auf den Gehorsam.

„Savonarola," schreibt Herr Perrens,[*] „predigte auch durch
sein Beispiel. Er beobachtete die Regeln, welche er anderen auf=
erlegen wollte, zu allererst, und nahm wegen der Würde, die er
bekleidete, niemals ein Vorrecht für sich in Anspruch. Seine Zelle
bestand, wie alle übrigen, aus zwei kleinen Räumen. — Niemand
war in der ganzen Genossenschaft so einfach gekleidet wie er. Eines
Tages waren zwei Aebte aus dem Orden von Vallombrosa in
der glänzendsten Ausstattung angekommen, ihn zu besuchen. Lächelnd
betrachtete Savonarola ihre Kutte; sie war von der feinsten und
schönsten Wolle. Die beiden Aebte bemerkten es und sagten etwas
erröthend und sich entschuldigend: „Pater Fra Girolamo, wundert
Euch nicht über die Schönheit dieses Tuches; wir nehmen es so,

---

[*] Jérome Savonarole, liv. I, chap. 5.

weil es dauerhafter ist." „Wie Schade," antwortete ihnen Hieronymus, „daß der heil. Benedict und der heil. Gualbert dieses
nicht gewußt haben; sie würden es gemacht haben, wie ihr."

Er hatte seine Zeit genau eingetheilt, . und bei der Menge
seiner Geschäfte war nichts nothwendiger, als dieses. Nur vier
Stunden gönnte er dem Schlafe; den Rest des Tages verwendete
er auf die Leitung der Genossenschaft, auf seinen Briefwechsel, den
er in Folge des Rufes seiner Heiligkeit und Weisheit mit den
hervorragendsten Personen, die seinen Rath begehrten, zu unterhalten gezwungen war; endlich auf Studium, Gebet, Betrachtung
und auf die Vorbereitung auf seine Predigten. Jedem Religiosen
hatte er, um ihm die Niedrigkeit seiner Natur in's Gedächtniß zu
rufen, irgend eine äußere Dienstleistung angewiesen; für seinen
Theil aber hatte er sich die Reinigung der verächtlichsten und ekel-
haftesten Orte zur Aufgabe gemacht. Seine seltenen freien Augenblicke benützte er, sich mit den jüngsten Religiosen und Novizen
zu unterhalten, die er sehr liebte und deren zarte Herzen seinen
liebreichen Rathschlägen offen standen. So wußte er sogar die
Augenblicke der Ruhe nützlich zu verwenden. Der ganzen Genossenschaft hatte er seinen schlichten und ungekünstelten Geschmack bei-
gebracht und sie, unter Verbannung aller weltlichen Ergötzlichkeiten
gelehrt, auch an den kleinsten Dingen Vergnügen zu finden. Doch
hier müssen wir den P. Burlamacchi reden lassen.

„Die Religiosen zogen sich an einen einsamen und entlegenen
Ort zurück, beteten das heilige Officium und unterhielten sich darnach friedlich über Gott. Hatten sie das Mittagsmahl genossen
und einen Augenblick ausgeruht, so versammelten sie sich freudig
um ihren Vater, der ihnen irgend eine Stelle aus der heiligen
Schrift erklärte; darauf machten sie einen kleinen Spaziergang.
Waren sie eine Strecke gegangen, so ließen sie sich im Schatten
nieder. Der Pater theilte ihnen dann für ihre Betrachtungen eine
schöne Stelle aus der Heiligen Schrift mit und stellte darüber
vorzüglich an die Novizen Fragen. Er ließ sie ein andächtiges Lied
zur Ehre unseres Herrn singen oder einen schönen Zug aus dem
Leben der Heiligen erzählen, und nahm daraus Veranlassung,
ihnen weise Lehren zu ertheilen. Zuweilen lud er sie zu einem
Rundtanz ein, den sie mit ihrem Gesange begleiteten, worauf man
weiter zog. Bald darnach hielt er ein und bat einen Jeden der

Brüder, ihm nach eigener Auffassung einen Vers aus den Psalmen oder eine Stelle aus der heiligen Schrift zu erklären. Eines Tages gingen sie unter einem Feigenbaume vorüber. Der Vater sammelte die kleinen Zweige, welche am Fuße desselben wuchsen, zog mit Geschick das Mark aus ihnen heraus, machte weiße Tauben von vollkommener Aehnlichkeit daraus und gab einem jeden seiner Begleiter davon, die darüber sehr erfreut waren. Dann bat er sie, ihm die Eigenschaften der Tauben anzugeben und, indem er nach ihnen das Wort ergriff, legte er ihnen dieselben im geistlichen Sinne zu ihrer Aller großen Befriedigung aus. Oft sangen sie Abends mit großer Inbrunst Psalmen und Lieder. Sie ließen einen Novizen kommen und das Kind Jesu vorstellen und setzten sich im Kreise um ihn herum. Ein Jeder schenkte ihm sein Herz und bat es für sich oder Andere um eine Gnade, z. B. daß dieser oder jener Jüngling aus der Welt in den Orden trete. Zuweilen wähl= ten sie aus den Anwesenden einen Gesandten und stellten sich vor= ihn an Gott zu senden, um von ihm eine Gnade zu erlangen. Oft ließen sie die allerseligste Jungfrau in ihrer Mitte erscheinen, welche sie mit Einfalt ihre Mutter nannten, feierten ihr Lob und sagten ihr Dank. Von Zeit zu Zeit brachen sie in laute Ausru= fungen aus, die aus tiefster Seele kamen und voll Liebe waren, wie: Mein süßer Jesus! Jesus, Herr der Herrn! Schöne Jungfrau! Jungfrau, Mutter Gottes! Jung= frau, voll Barmherzigkeit! und ein Jeder machte der Reihe nach seine Verbeugung. So verbrachten sie ihre Zeit und machten ihre Erholungen für Seele und Leib zugleich ersprießlich. Eines Tages befand sich der Vater mit einer großen Anzahl seiner Kin= der zu St. Dominicus in Fiesole. Eben hatte man nach dem Abendessen zur Erholung einige andächtige Lieder gesungen. Da sprach er: „Meine vielgeliebten Kinder! Um uns zu beschäftigen, stelle mir ein Jeder von Euch zwei Fragen, eine über das Para= dies und eine über die Hölle.“ Die Verschiedenheit und Feinheit der vorgebrachten Bedenken, sowie die schönen Antworten und ge= lehrten Lösungen des Vaters verliehen dieser Abendunterhaltung eine wunderbare Anmuth. Es war entzückend, so schöne Gedanken aussprechen zu hören. Man hätte sagen sollen, das Paradies sei vom Himmel auf die Erde herabgestiegen, und man befinde sich in Gesellschaft von Engeln im Fleische.“

2*

So machte denn auch der Konvent von St. Marcus reißende Fortschritte. Bei Savonarola's Eintritt zählte er nur fünfzig Mitglieder, aber bald stieg ihre Zahl auf zweihundert und breißig. Es waren Söhne aus den ersten Familien von Florenz, welche dort das Ordenskleid nahmen, die Strozzi, Bettini, Gondi, Salviati, Accinioli, ja selbst die Medici;*) Männer in der vollen Reise des Alters und mit den ersten Aemtern in Staat und Kirche bekleidet, wie Pandolf, Rucelli, Georg Vespuccio, Enkel des berühmten Seefahrers, und Malateste Sacromoro; oder schon durch ihre Schriften berühmte Männer, wie Zanobi, Accinioli, Bibliothekar Leo X.; der Israelit Blemet, welcher der Lehrer des Pico von Mirondola im Hebräischen gewesen war, der in allen Wissenschaften bewanderte Thomas Serratico, Peter Paul von Urbino, Professor der Medizin an der Universität von Florenz und Pico von Mirandola selbst, den nur der Tod verhinderte, das Kleid des heiligen Dominicus anzuziehen.**) Und so groß war der Eifer und die Liebe, welche in diesem Konvente herrschten, daß der Verfasser des „Cedrus Libani" nicht ansteht, ihn ein neues Eden, das Paradies auf Erden zu nennen. ***)

Ein solches Beispiel ging für die benachbarten Dominikaner-Konvente nicht verloren; die Konvente von Fiesole, Pisa, Prato, Tasso, Siena und mehrere Frauenklöster nahmen die Reform an. So entstand die berühmte Kongregation von St. Marcus, als deren erster Generalvikar Savonarola von Alexander VI. eingesetzt wurde.

Die Bewegung erstreckte sich sogar auf andere religiöse Orden. Die Kamaldulenser des Klosters von den Engeln zu Florenz baten

---

*) Annalen von St. Marcus, S. 147 u. 148, von Marchese Scietinari, Buch II, S. 141. — Vgl. auch Nardi.

**) Ebendas. — Er wollte mit dem heiligen Kleide in der Kirche von St. Marcus begraben werden.

***)
      Molti servi fedel del Santo amati
      Con molta carità dimoravano
      In pace tutti, e di Jesù inflammati.
      Per testimonio mia coscienzia chiamo:
      Se Paradiso in terra veder possi,
      Allor lo vidi, e quel sitio e bramo.
                  (Cap. IV. pag. 83.)

um die Begünstigung, das Kleid der Predigerbrüder annehmen zu dürfen, um unter der Leitung Savonarola's zu leben. *)

Die einfache Auseinandersetzung dieser Thatsachen reicht hin, den großen Unterschied zwischen der von Savonarola unternommenen Reform der Predigerbrüder und jener Luther's darzuthun. Wir erinnern nur beispielsweise an die Aufforderungen, welche an die Mönche ergingen, ihre Klöster zu verlassen und zu heiraten, an die Karikaturen vom Kalbsmönch, an die Predigten gegen das Gelübde der Keuschheit und alle Folgen dieser Predigten. **) Dies Alles ist bekannt genug, und wird heute noch von den Fürsprechern Luther's gefeiert.

Noch einmal: Ich untersuche nicht, welche dieser beiden Reformen dem Geiste des Evangeliums und dem Sittengesetze am Meisten entspricht oder der Kirche ersprießlicher ist; aber das ist klar vor Aller Augen, daß sie miteinander im Widerspruch stehen und bezüglich der religiösen Orden eine ganz verschiedene Auffassung der Vollkommenheit festhalten. Marthin Luther und Hieronymus Savonarola können als Reformatoren religiöser Orden nicht mit einander in Einklang gebracht werden. Letzterer kann unter diesem Titel auf dem Wormser Denkmal nicht figuriren; der Konvent von St. Marcus, welcher heute noch, beseelt von einem großen Feuereifer, besteht, ist eine lebendige Protestation dagegen.

Wird nun die Reform von Florenz vielleicht einen ernsteren Grund darbieten, um das Standbild Savonarola's auf dem Denkmale von Worms zu erklären?

Reform von Florenz.

Zur Zeit, als Savonarola den Konvent von St. Marcus reformirte und den Wirkungen dieser Erneuerung eine größere Ausdehnung zu geben suchte, „bedurfte Italien, nach dem Aus-

---

*) Burlamacchi versichert, Träger dieses Bittgesuches gewesen zu sein, das durch öffentlichen Act vor einem Notar aufgesetzt worden. (Vita, pag. 81.)

**) Histoire de la vie de Luther et de ses écrits, par Audin.

fpruche eines Zeitgenoffen, *) diefes apoſtoliſchen Salzes, denn es war ganz verkommen, ſchal geworden und verdorben. Vergeſſen und Mißachten der Geſetze, Ueppigkeit, Verweichlichung, Unzucht, Habſucht, Simonie und Gottloſigkeit, alle Laſter herrſchten vereint beinahe in allen Ständen und Verhältniſſen. Beide Geſchlechter waren gleichmäßig von aller Regel abgewichen und die größten Uebel kamen gewöhnlich von denen her, welche das Heilmittel hätten bringen ſollen." **)

Michael Bruto berichtet uns, bis zu welchem Grade dieſe Laſter in Florenz verbreitet waren:

„Gottloſigkeit und Unzüchtigkeit in der Unterhaltung, Unan- ſtändigkeit im Betragen und in der Kleidung, ungezügelte Spiel- ſucht, Verderbtheit des Familienlebens, die bis zum ſchändlichſten Laſter ging, dies waren die Wunden, welche geheilt werden mußten!"

Hieronymus Savonarola glaubte ſich berufen, dieſe Reform zu bewerkſtelligen. Warum unternahm er dieſelbe, und durch welche Mittel gelang es ihm, ſie zu verwirklichen? Er ſelbſt theilt es uns mit in einem Briefe, den er an ſeine Mutter ſchrieb: „Be- unruhige Dich nicht, geliebte Mutter, ſchreibt er, daß ich fern von Dir lebe. Predigen, Ermahnen, Beichthören, Leſen, Rathgeben, Alles dieſes thue ich für das Heil der Seelen. Ich thue keinen Schritt, ohne dieſen Zweck zu haben." ***)

Sein vorzüglichſtes Mittel war die Predigt. „Er hatte," ſagt einer ſeiner gleichzeitigen Lebensbeſchreiber, „eine ſtarke Stimme, einen ausdrucksvollen, hinreißenden Vortrag, lebendige Aktion, klare Ausdrucksweiſe, eine ſtrenge Miene und ein himmliſches Licht ſtrahlte gleichſam in ſeinen Augen." ****) Macchiavell ſagt: „Er war ein Mann von Wiſſenſchaft, Gewandtheit und Muth, genährt von der Wiſſenſchaft der heiligen Schrift und der Väter, der das menſchliche Herz kannte." †) Seine Beredſamkeit ergoß ſich wie ein breiter Strom.

---

*) Joh. Franz. Pico von Mirandola. loc. cit.
**) Touron, Hommes illustres de l'Ordre de Saint-Dominique, tom. III. liv. XXIII.
***) Scritti vari del P. Vincenzo Marchese, lib. II, p. 124.
****) Pico von Mirandola, Leben Savonarola's, Kap. VII.
†) Abhandlung über die Republik, Kap. XXXV.

E corre largo e traboccante fiume,
Abbondava di spirito in copia tanta,
Che sommergeva pravo costume. *)

Vor Allem aber war er „ein Mann der Buße und des Gebetes; wie der heilige Dominicus und der heilige Vincentius
Ferrerius verfaßte er in der Regel seine Predigten zu den Füßen
des Gekreuzigten." **) Daher gab es wenig Sünder, die sich nicht
in Furcht gesetzt, ergriffen und erschüttert fühlten. „Das Volk,"
sagt Burlamacchi, „stand um Mitternacht auf, um zur Predigt
zu gehen, und wartete im Freien das Oeffnen der Pforten der
Kathedrale ab. Nie beklagte es sich über Kälte, oder über die
lange Zeit, die es im Winter auf den kalten Steinplatten stehen
mußte, und unter der Menge fanden sich Greise, Frauen, Kinder
und Leute aus allen Ständen, welche alle in großer Freude zur
Predigt wie zu einer Hochzeit gingen." Nicht allein die Florentiner drängten sich um seine Kanzel; auch die benachbarten Gebirgs-
bewohner machten sich des Nachts auf den Weg, um am frühen
Morgen anzulangen und ihren Platz in der Kathedrale einzunehmen.
Es entstand eine Art brüderlicher Gemeinschaft mit den Stadt-
bewohnern. Die Reichen gingen den nach Florenz kommenden
Fremden entgegen, und beherbergten deren zuweilen dreißig bis
vierzig. ***)

„Die Kathedrale war nicht groß genug, man mußte Bühnen
errichten. Das Zusammenströmen war wunderbar; aber die Früchte
dieser Predigten waren noch außerordentlicher." ****)

„In diesem Advente," so schreibt Peter Delfino, „konnte man
sehen, wie Alle sich des Fleischgenusses enthielten und die Fleisch-
buden geschlossen blieben, ungeachtet ein Erlaß ihre Eröffnung
gestattete. Die Kirchen waren mehr als gewöhnlich mit Beicht-
vätern und Beichtkindern besetzt. Am Neujahrstage war die Zahl
der Kommunizirenden so groß, daß man hätte glauben sollen, es
wäre Ostern." †)

Ebenso übte Savonarola einen großen Einfluß durch die Verwaltung des Bußsacramentes. Nach jeder Predigt ließ er sich auf,

---

*) Cedrus Libani, c. I, append. VII.
**) Tourun, Hommes illustres, ch. cit.
***) Perrens, op. cit.
****) Nardi, B. II. Lyoner Ausg. von 1582, pg. 28.
†) Brief vom 4. Februar 1495.

die Knie zum Gebete nieder. Bald darauf hörte man an der Klosterpforte klopfen; es war eine Magdalena, die zu beichten begehrte; ein Greis, der ein unzüchtiges Gemälde abliefern kam zum Verbrennen; ein Wucherer, der seine Taschen mit Gold gefüllt hatte, und dasselbe zur Wiedererstattung brachte.*) Bisweilen war Savonarola genöthigt, um Nachsicht zu bitten für die Beichtväter, welche ihm halfen, und die Gläubigen aufzufordern, ihnen einige Ruhe zu gönnen. **)

Vor Allem hatte sein Wort wunderbare Erfolge bei der Jugend. Er fing damit an, die jungen Leute zu seinen Predigten heranzuziehen, verschaffte ihnen einen Ehrenplatz und sah sie bald in so großer Anzahl, daß man für ihre Zulassung ein bestimmtes Alter festsetzen mußte. „Alsdann war er darauf bedacht, sie in eine heilige Streitschaar zu ordnen. Die Bedingungen der Theilnahme waren: 1. Beobachtung der Gebote Gottes und der Kirche. 2. Regelmäßiger Empfang der Sacramente der Buße und des Altars. 3. Vermeidung aller Schauspiele und aller weltlichen Vergnügungen. 4. Die größte Einfachheit in Sitten, Haltung und Kleidung. Jedes Stadtviertel hatte einen Vorsteher, der darüber zu wachen hatte, daß diese Bedingungen nicht umgangen würden. Diesem Vorsteher standen vier Rathgeber zur Seite, ohne welche er Nichts thun konnte. Außerdem waren verschiedene Amtsverwaltungen, welche dieser Republik der Jugend eine wahrhafte Bedeutung gaben. Es waren die **Pacieri**, **Friedensbeamte**, welche in der Kirche und auf den Straßen die Ordnung zu handhaben hatten; die **Correctori**, **Richter**, welche denen, die es verdienten, eine brüderliche Zurechtweisung ertheilen mußten; die **Limosinieri**, **Almosensammler**, welche für die verschämten Armen Almosen zu betteln hatten; die **Lustratori**, **Reiniger**, damit beauftragt, Kreuze und andere Gegenstände der öffentlichen Verehrung, welche im Unstande oder unpassend aufgestellt waren, zu reinigen und zu besorgen. Die Inquisitoren, welche die Stadt durchwandern, Gotteslästerer und Spieler verfolgen, letztern ihre

---

*) Audin, vie de Léon X., tome I, chap. VIII.

**) Vi prego ancora che lasciate posare un poco i confessori, almeno 15 dì, perchè i sono già marciti in su quelle sedie, e bisogna pure darli qualche poco di requie. (Fastenpred. 1495.)

Karten, Würfel und selbst ihr Geld, was sie dann den Armen gaben, wegnehmen mußten." *)

Den Einfluß, welchen die Litteratur auf die Gesellschaft ausübt, begriff Savonarola vollkommen, und war bemüht, Schriftstellerei, Kunst und Wissenschaft im Geiste seiner Reform zu leiten.

Er wollte nicht, wie man behauptet hat, die heidnischen Klassiker aus den Schulen verbannen, sondern nur reinigen, damit die studirende Jugend ihren Styl bilden könne, ohne Gefahr zu laufen. "Ich wollte," sagt er, "daß man Dichterwerke, wie Ovid's Abhandlung, De arte amandi, Catull und Andere dergleichen aus den Schulen verbannte, dagegen mehr den heil. Hieronymus, Augustinus und andere Kirchenschriftsteller und, neben Cicero und Virgil, ein und das andere Buch der heiligen Schrift studirte. Wenn euch Lehrern in euern Büchern die Namen Jupiter und Pluto begegnen, so wollte ich, daß ihr euren Schülern sagtet: Meine Kinder, das sind fabelhafte Namen. Es gibt nur einen Gott, den Schöpfer der Welt und er regiert sie durch seine Vorsehung." **)

Er gründete eine Akademie, welche im Konvent von St. Marcus die ausgezeichnetsten Gelehrten und Schriftsteller aufnahm. Darin wurden die großen sozialen Prinzipien besprochen. Hier zeigte Savonarola die Uebereinstimmung der Vernunft und des Glaubens, welcher jener ihre vollkommene Entwicklung verleihe. ***)

Er suchte beharrlich seine Zuhörer zu überzeugen, daß Größe und Wohlfahrt eines Volkes nicht in Reichthum, Handel, Verfeinerung des Geschmackes oder Schönheit des Styles, sondern vor Allem in der Tugend bestehe. — Er wollte Alle, denen es an Begabung fehlte, von den freien Künsten entfernt halten, und wünschte, daß nur Männer von höherer Erkenntnißgabe sich auf das Studium der Philosophie und Theologie verlegen könnten. ****)

Die Kunst definirte er mit Plato als eine sinnliche und sittliche Darstellung, deren Zweck ist, die Liebe zur

*) Perrens, livre II, chap. III.
**) Predigt am dritten Tage der Fasten, und am zweiten Sonntage der Fasten 1495.
***) "Wie ein kleines Licht, das sich mit einem größern vereinigt." Das sind seine eigenen Worte.
****) Vergl. Marchese, Scritti vari, lib. II, pag. 168.

26

Tugend einzuflößen *) und, ganz anders als die Reformatoren, welche die Künste verbannen zu müssen glaubten, verkündigte er laut als ihre Bestimmung, die Menschen sittlich und christlich zu machen. Er sagte: „Es ist wahr, Aristoteles war ein Heide; dessenungeachtet aber verdammt er in seiner Politik die unehrbaren Gemälde, welche die Sitten verderben, was soll ich denn von euch, christliche Maler, sagen? Zerstört oder verbessert diese Bilder, die ihr in euren Häusern habt! Ihr werdet ein Gott und der seligsten Jungfrau wohlgefälliges Werk thun!" **) Aber zu gleicher Zeit war er ein Freund der Künstler und ermuthigte sie in ihren Arbeiten, so daß man auf ihn ganz besonders das Wort Sismondi's anwenden muß: „Cicero, Demosthenes oder Bossuet übten nie einen so großen Einfluß auf die Geister aus, daß er mit dem Wirken der Prediger- oder Minder-Brüder im Mittelalter zu vergleichen wäre." ***) Niemals verdammte er die Kunst an sich. Wenn man mir den Scheiterhaufen auf dem Platz der Signori entgegenhalten wollte, so würde ich erwiedern, daß ähnliche Exekutionen bei den Griechen und Römern nicht unbekannt, ****) und im Jahrhundert Savonarola's sehr gewöhnlich waren. †) Ich würde daran erinnern, wie der heil. Paulus zu Ephesus einen ähnlichen Scheiterhaufen errichten ließ, ††) damit das Evangelium sich immer mehr und mehr ausbreiten und wachsen könne," wie der heilige Schrifttext sagt. †††)

Savonarola hatte eine zu hohe Einsicht, als daß er den Vortheil hätte verkennen sollen, den eine gute Regierung für die Reform von Florenz haben mußte. „Unsere Sendung," sagt er, „ist der Kampf für die Ehre Gottes und das Heil der Seelen. Weil es aber sehr schwierig ist, ohne eine gute Regierung zu diesem Ziele zu gelangen, darum nehmen wir uns der öffentlichen

*) Finis autem poetae est inducere hominem ad aliquid virtuosum per aliquam decentem repraesentationem.

**) Pred. am ersten Sonntage der Fasten.

***) Geschichte der italienischen Republiken, Bd. II, K. XV.

****) Titus Livius, lib. XXV, c. I — Cicero, De natura, lib. I.

†) Der heil. Bernardin von Siena veranstaltete eine ähnliche Ceremonie in Perugia, am 23. Sept. 1425.

††) „Multi autem ex eis, qui fuerant curiosa sectati, contulerunt libros, et combusserunt coram omnibus; et computatis pretiis eorum, invenerunt pecuniam denariorum quinquaginta millium." (Acta apost. XIX, 19.)

†††) Ibid. v. 20.

Angelegenheiten an; nicht, wie ihr denkt, aus zeitlichem Interesse, sondern um dadurch die geistliche Wohlfahrt, die wir so sehr verwirklicht zu sehen wünschen, sicher zu stellen." *)

Auf diese Weise entstand in Savonarola der Wunsch, sich in die öffentlichen Angelegenheiten von Florenz einzumischen. Die Ereignisse gaben ihm hierzu bald Gelegenheit, und nach seiner Gesandtschaft an König Karl VIII. von Frankreich, so wie nach Befreiung dieser Stadt glaubte er sich berechtigt, ihr eine Verfassung zu geben.

Ueber diese Einmischung eines Ordensmannes in eine so weltliche Angelegenheit darf man sich nicht wundern, der Grundsatz von dem rein weltlichen Charakter des Staats war noch nicht aufgestellt; man sah die beiden Ordnungen, die staatliche nämlich und die übernatürliche, welche Gott, wie Leib und Seele einander untergeordnet hat, nicht als getrennt von einander an. All der Dienste, welche die religiösen Orden den christlichen Staaten erwiesen haben, wollen wir nicht wieder gedenken. Hieronymus Savonarola fand in Florenz noch lebhaft das Andenken an die heilige Katharina von Siena, welche die Gesandte dieser Stadt an Gregor IX. gewesen war, so wie die Erinnerung an den heil. Antonin, der gleichsam ihr Gesetzgeber und ebenfalls ihr Vertreter bei den Päpsten Calixt II. und Pius II. gewesen war. Er hegte über die Regierung der Gesellschaften alle Ideen, welche der heil. Thomas in seiner Abhandlung De Regimine Principum so gründlich entwickelt hat. Jedoch glaubte er, mit Rücksicht auf die Stellung der Parteien in Florenz, von denselben in etwas abgehen und eine Regierungsform empfehlen zu müssen, „welche Niemanden die Oberherrschaft in der Stadt einräume, unter welcher vielmehr die Bürger, zufrieden mit ihrem Loose, sich glücklich schätzten, die ihnen von Gott geschenkte Freiheit zu bewahren, und Einfalt, Demuth und christliche Liebe herrschen zu sehen."

An die Spitze stellte er Jesus Christus, indem er sich als dessen Gesandten annehmen ließ. „Florenz," rief er, „Jesus Christus, der König des Weltalls, will besonders Dein König werden. Willst Du ihn zum König? ... **) Der Herr will Dich selbst regieren,

*) Predigt XXIV, über Michäas.
**) Predigt V, über Ruth, 20. Mai 1496.

wenn Du damit einverstanden bist, o Florenz! Laß Dich führen
durch ihn! Mache es nicht wie die Juden, die von Samuel einen
König begehrten. Gott antwortete ihm: Gieb ihnen einen König,
da sie von mir nicht mehr beherrscht sein wollen. Nicht Dich,
sondern mich haben sie verworfen. O Florenz! ahme sie nicht nach;
nimm Jesus Christus zu Deinem Herrn und bleibe unter seinem
Gesetz." Und das Volk von Florenz antwortete: Es lebe Jesus
Christus, es lebe unser König!

So viele Anstrengungen waren nicht umsonst; sie wurden
bald mit dem vollständigsten Erfolge gekrönt. Den Beweis hierfür
lesen wir in dem Briefe, welchen der Magistrat von Florenz zur
Rechtfertigung Savonarola's an Alexander VI. richtete, *) sowie
in den gleichzeitigen Schriftstellern.**) Der Kürze halber wollen
wir noch einen Schriftsteller, welchen der Verdacht der Parteilichkeit
nicht treffen kann, anführen. „Eine überraschende Umwandlung,"
sagt Herr Perrens, „ging in der Stadt vor. Beinahe die Hälfte
des Jahres wurde dem Fasten und der Abstinenz geweiht. Wer
an den von Savonarola zur Buße bestimmten Tagen Fleisch kaufte,
war ein Gegenstand des Aergernisses. Bald sah man sich gezwungen,
die Abgabe, welche die Fleischer an den Staat entrichteten, herab=
zusetzen, weil sie mit völligem Ruin bedroht waren. In den Straßen
hörte man Nichts als Psalmengesang und fromme Lieder. Alle
schlüpfrigen oder auch nur weltlichen Gesänge waren verstummt.
Frauen und zuweilen auch Männer sah man durch die Straßen
gehen und Brevier beten u. s. w., ***) so daß das Wort Dante's:

„Florenz in seinem Mauerring, dem alten,
„War friedlich, keusch und friedlich im Verhalten."****)

seiner Erfüllung niemals näher war.

Solches haben uns die gleichzeitigen Schriftsteller von den
Wirkungen der Predigt Luther's nicht erzählt. „Kaum haben wir,"
so sagt er selbst, „damit begonnen, das Evangelium im Lande zu
predigen, und schon sieht man eine gräuliche Umwälzung, Spal=
tungen, Sekten, und überall vollständigen Verfall der Sittlichkeit

---

*) 4. Mai 1497. — Siehe Anhang Nr. VIII.
**) Nardi, Annalen, Buch II. — Burlamacchi u. s. w.
***) Perrens, Jérôme Savonarole, liv. II, ch. III.
****)   Fiorenza, dentro della cerchia antica
    .... Si stava in pace, sobria e pudica
                              (Paradiso Canto XV.)

und der Ordnung. Zügellosigkeit und jede Art von Lastern und Schändlichkeiten haben heut zu Tage einen weit höheren Grad erreicht als je zuvor unter dem Papstthum. Das Volk, welches vordem seiner Pflicht nachging, kennt gegenwärtig weder Fessel noch Zügel und ergibt sich, wie ein wildes Roß, den größten Ausschweifungen ohne Rückhalt und Scham."*) — (Dölling, Reform. I, 297.) In einer zu Wittenberg gehaltenen Predigt heißt es: „Seit unsere Lehre geprebigt wird, wird die Welt immer schlechter, immer gottloser und unverschämter, die Menschen sind habsüchtiger, unkeuscher als je zuvor unter dem Papstthum. Ueberall nur Geiz, Unmäßigkeit, Völlerei, Unzucht, schändliche Unordnungen und abscheuliche Leidenschaften."**)

Man könnte einwenden, Luther habe so in einem Anfall von übler Laune gesprochen; aber alle seine Freunde und Schüler, wie Andreas Muskulus, ***) Willibald Pirkheimer, der Tacitus Germaniens, Osiander, Jakob Andreä, Peter Arbiler, Nikolaus Boien u. s. w. ****) führten dieselbe Sprache.

„Wir können nicht läugnen," sagte Christoph Fischer, „daß das Verderben die äußersten Grenzen erreicht hat, daß alle Arten von Sünden, Lastern und Schändlichkeiten über uns hereingebrochen sind, und sich gewissermaßen, wie eine neue Sündfluth, über uns ergossen haben, so daß Viele Tugend und Laster, Ehre und Schande nicht mehr zu unterscheiden vermögen." †) Der ernste Beltius, Luther's Vertrauter, faßt alle diese Zeugnisse in folgenden Worten zusammen: „Willst du eine wilde und gottlose Bevölkerung, bei der alle Arten von Unreinigkeit an der Tagesordnung und so zu sagen in der Mode sind, an einem Orte vereinigt sehen, so gehe in diejenigen lutherischen Städte, in welcher sich die geschätztesten (von Luther gesandten) Prediger befinden und das Evangelium (Luther's) mit dem größten Eifer geprebigt wird; dort wirst Du sie finden!" ††)

---

*) Ausleg. des 2. Psalms.
**) Predigt von 1553. — Vgl. Ventura, 18. Conferenz: La raison philosophique et la raison catholique.
***) Frantis chronits, pag. 262.
****) Ventura, La raison philosophique et la raison catholique. — 18. Konferenz.
†) Vgl. Nicolas, Du protestantisme, liv. III, ch. 3.
††) Nicolas, Ibid. liv. III, ch. 5.

Mit der Besprechung dieser Citate, deren Echtheit unanfecht-
bar ist, will ich mich nicht ferner aufhalten. Die einfache Zusammenstellung derselben genügt, die große Kluft zwischen Luther und
Savonarola zu zeigen, und die Wahrheit des Satzes darzuthun,
den ich aufgestellt und weiter nachzuweisen habe.

Reform der Kirche.

Die von Savonarola im Konvent des heil. Marcus zu Florenz unternommene Reform sollte nur das Vorspiel derjenigen
sein, welche er in der ganzen Kirche zu bewirken gedachte.

Im 15. Jahrhundert schien die Kirche, welche allezeit heilig
ist, der Verbesserung in einer großen Zahl ihrer Glieder zu be-
dürfen. Schon der heil. Bernhard und der heil. Petrus Damiani
hatten dieselbe sehnlichst herbeigewünscht, und der Kanzler Gerson
sie auf dem Konzil zu Konstanz gefordert. Gregor VII. und Innozenz III. hatten damit den Anfang machen wollen. Bald sah sich
Hadrian VI. gezwungen, ihre Nothwendigkeit auf dem Reichstage
zu Nürnberg erklären zu lassen. Paul III. mußte sie für dringend
erklären; *) dem Konzil von Trient war es vorbehalten, sie durch-
zuführen.

Kann man der Kirche dies Bedürfniß nach Reform zum Vor-
wurf machen? Die Kirche ist eine Schöpfung Gottes, aber Gott
ist sie nicht. Sie lebt ein göttliches Leben, aber sie besitzt es nicht
von Natur; sie empfängt es von der Gnade Gottes, und dieses
zerstört das natürliche Leben nicht, sondern vervollkommnet es.
„Diese wunderbare Durchdringung,“ schreibt ein großer Bischof, **)
„ist die wahre Grundlage aller Lehren über die Natur der Kirche,
Folge und Erweiterung des Geheimnisses Jesu Christi, des Gott-
menschen, ist diese Thatsache schon allein genügend uns die Geschichte der erlösten Menschheit zu erklären, so wie auch die
Offenbarung, welche uns dieselbe kennen lehrt. Sie gibt, selbst
vom moralischen Standpunkte aus, Antwort auf den Einwurf, den
unsere Gegner aus dem unvollkommenen Stande, worin die Glieder

---

*) Vgl. das in Rom 1538 unter folgendem Titel veröffentlichte Werk:
Concilium delectorum Cardinalium et aliorum Praelatorum de emendanda
Ecclesia, S. D. N. Paulo III., ipso jubente, conscriptum et exhibitum.
**) Baudry, Bischof von Perigueux. — Hirtenbrief über die Kirche.

der Kirche leben, zu ziehen pflegen. Das erlösete Volk, sagen sie, müßte heilig sein. Das ist wahr; aber diese Heiligkeit kann nur ein Werk der Zeit sein. Wenn die Freiheit Gottes allmächtig, so ist die des Menschen schwach, Gott berücksichtigt sie, und verlangt nicht, daß sie mit einem Schlage eine unmögliche Vollkommenheit erlange; er fordert nur das Streben darnach. Und gewiß, es ist schon ein schönes Schauspiel, zu sehen, wie sich die menschliche Natur aus dem Schlamme der Laster emporarbeitet, sich davon reinigt, sich feurig zum Ideal der größten Vollkommenheit aufschwingt und dahin gelangt, die himmlischen Züge in sich darzustellen."

Demnach ist es begreiflich, warum die Kirche von Zeit zu Zeit der Verbesserung bedarf; ihre Heiligkeit strahlte aber immerfort, selbst in den Zeiten des größten Verfalls, wofür schon die große Zahl heiliger Personen, die zur Zeit Savonarola's lebten, hinlänglichen Beweis liefern. *)

Von Kindheit an empfand er lebhaft die Leiden der Kirche. **) Später glaubte er sich berufen, sie zu trösten. Mich über diesen Beruf selbst auszusprechen, gehört nicht zu meiner Aufgabe. Unter den Katholiken haben Viele ihm einen übernatürlichen Charakter beigelegt, ***) Andere ihn bestritten. ****) Doch das ist nicht unsere Frage, sondern darum handelt es sich, ob die Protestanten berechtigt sind, Savonarola wegen seiner Reform-Entwürfe für sich in Anspruch zu nehmen.

Offenbar reicht das Verlangen, die Kirche zu reformiren, nicht hin, die Meinung zu rechtfertigen, man sei wirklich zum Reformator berufen. Der heil. Bernhard, der heil. Vinzenz Ferreri, die heil. Katharina von Siena, der heil. Karl Borromäus und so viele Andere hatten dieses Verlangen auch. Sie verdienten den Namen von Reformatoren. Gleichwohl ist es den Protestanten nicht in den Sinn gekommen, sie unter ihre Vorläufer zu zählen.

---

*) Wir erwähnen den heiligen Franz von Paula, und im Predigerorden die selige Columba von Rieti, den seligen Sebastian Maggi, u. s. w.
**) Im Jahre 1473, nämlich im Alter von 20 Jahren, hatte er mehrere Strophen eines Gedichtes über diesen Gegenstand verfaßt. — Poesie di Geronimo Savonarola, illustrate e publicate per cura di Audin. Florenz 1847.
***) Pico della Mirandola. — Marsilius Ficinus. — Philipp Comines. — Thomas Neri. — Quetif. — Bzovius.
****) Ambrosius Catharinus.

Um dieses bei Savonarola wagen zu können, muß man Thatsachen haben. Welches sind diese Thatsachen?

Man führt seine Weigerung an, nach Rom zu gehen, sowie die Predigten, welche er ungeachtet des ausdrücklichen Verbotes des Papstes zu Florenz hielt. Es ist wahr, daß Alexander VI. ihm mehrmals den Befehl zukommen ließ, sich nach Rom zu verfügen *) und daß Savonarola genügenden Grund zu haben glaubte, diese Reise aufzuschieben.

Allein, er beruft sich auf seinen Gesundheitszustand, auf die Wuth seiner Feinde, welche sehr oft Anschläge auf sein Leben gemacht hatten, so wie auf den Stand der Parteien, welcher ihm ein längeres Verweilen in Florenz unumgänglich nothwendig zu machen scheint. Er bestreitet das Recht des Papstes nicht, ihn vorzufordern; **) er ist bereit, zu gehorchen, sobald jene ernstlichen Hindernisse gehoben seien. ***) Diese Gründe waren nicht ohne Gewicht, denn der Papst schien sie gleich im Anfange anzunehmen. Savonarola konnte sich von ihrer Bedeutung eine übertriebene Vorstellung machen; aber Nichts berechtigt uns zu der Annahme, daß er die formelle Absicht gehabt habe, nicht zu gehorchen.

Eine solche Bewandtniß hat es nicht mit Luther. In dieser Weise schrieb er nicht an den Papst, und so begründete er seine Weigerung, sich nach Rom zu begeben, nicht, noch auch erklärte er dieselbe im Vertrauen seinen Freunden in dieser Weise. ****)

Was das Verbot zu predigen betrifft, so wurde dasselbe zum ersten Male auf Anflehen des Magistrats von Florenz von Alexander VI. aufgehoben. Als ihm dasselbe Verbot zum zweiten Male zuging, schwieg er ein ganzes Jahr lang. Später vermochte er den an ihn gerichteten Bitten nicht zu widerstehen, und ließ sich überreden, sein Wort allein könne großen Unordnungen vorbeugen und Florenz retten, u. s. w.

---

*) Breve vom 25. Juli 1495, u. s. w.
**) Etsi Majorum semper mandatis obtemperandum esse novicum scriptum sit: Qui vos audit, me audit, etc. Antwortschreiben Savonarola's auf das Breve Alexander VI. — Vergl. Anhang IV.
***) Rogo Beatitudinem Vestram, ut excusationes meas vivissimas et manifestas admittat, ut sibi persuasum habeat, me nihil magis optare quam eidem parere et obsequi, et non me supra vires meas ulterius gravet. (Ibid.)
****) Brief an Staupitz vom 1. September 1518. — Brief an Spalatin vom 31. Oktober 1518. — Epistola Lutheriana ad Leonem Summum Pontificem — 1520.

Ohne Zweifel täuschte er sich; aber selbst in seinem Ungehorsam blieb er katholisch. Als er das erste Mal wieder auf der
Kanzel von St. Marcus erschien, sagte er in seiner Predigt über
Exodus: „Es ist nicht wahr, daß ich mich dem Ansehen der Kirche
entziehen will. Ich unterwerfe mich und Alles, was ich gesagt
haben mag, dem Urtheile der römischen Kirche." *)

Ich wiederhole, das ist weder die Sprache Luther's noch der
Häretiker.

An zweiter Stelle hält man uns entgegen, wie wenig
Savonarola sich aus dem Breve der gegen ihn von
Alexander VI. geschleuderten Excommunication gemacht
habe. **) Aber daß Savonarola dem Papste die Gewalt zu
excommuniziren abgesprochen habe, beweist man nicht. Er behauptete,
die Motive, auf welche sich das Breve stütze, seien unbegründet
und auf Seiten des Papstes walte ein Irrthum, der Thatsache nach

In einer 1496 zu Florenz gehaltenen Predigt ***) schien er
vorauszusehen, daß Etwas gegen ihn im Werke sei, und suchte sich
schon damals zu rechtfertigen:

„Ich antworte euch," sagt er, „daß ihr blind seid, obgleich
ihr sehr klar zu sehen glaubt. Nun will ich euch zum Schlusse ein
Wort sagen. Betrachtet, daß Alles, was Christus gethan hat, uns
zum Vorbilde geschehen ist. Omnis Christi actio nostra
est instructio. Zur Zeit, da Christus predigte, war das
mosaische Gesetz noch nicht bis zu dem Grade erstorben, daß man
sich seiner Beobachtung entziehen konnte; die Priester hatten noch
die Gewalt zu excommuniziren. Ihr wisset, daß sie sich derselben
schon gegen Jedermann bedient hatten, der behauptete, Jesus sei
Christus. Deshalb hatten sie den Blinden aus dem Tempel ver-
stoßen; gleichwohl nahm ihn der Heiland auf. O Herr! ich hätte
zwei Worte zu Dir zu reden. Was beweist Dein Beispiel?

---

*) Ti rispondo che questo non é vero, anzi voglio stare sotto la
potestà ecclesiastica, e così sottometto me, e tutto quello che io ho
sempre detto, alla correttione della Romana Chiesa e della potestà
ecclesiastica. (1498.)

**) Der Wortlaut dieses Brev's ist nicht erhalten. Indeß scheint dasselbe
gleichzeitig mit dem von Alexander VI. an die Serviten von Florenz gerichteten
Schreiben veröffentlicht worden zu sein. Demnach hätte es das Datum von
12. Mai 1498.

***) Supra Amos am Mittwoch der IV. Fastenwoche.

Der heilige Gregor hat uns in der dritten Frage über das eilfte Dekret folgende Worte hinterlassen: Sententia pastoris sive justa sive injusta timenda est. „Das Urtheil des Hirten muß man fürchten, ob es gerecht, ob ungerecht sei." Was sagst Du hierauf, o Herr? Ich antworte und sage: Sehet auf den Verfolg des Textes; da findet sich ein anderer Text des Papstes Pelagius: Cui illata est sententia, deponat errorem, et vacua est; sed si injusta est, tanto curare eam non debet, quanto apud Deum et ejus Ecclesiam neminem potest gravare iniqua sententia, ita ergo ea se non absolvi desideret, qua se nullatenus percipit obligatum. Ist Jemand von einem gerechten Urtheilsspruche getroffen, sagt der Papst Pelagius, so kehre er von seinem Irrthume zurück und er wird nicht mehr exkommunizirt sein. Ist der Urtheilsspruch aber ungerecht, so soll er sich nicht darum kümmern, denn weder vor Gott noch vor der Kirche berührt er ihn. Er soll nicht einmal suchen, sich davon loszusprechen zu lassen, denn er bindet ihn nicht. Weiter unten, cap. Quid, sagt der heil. Augustin: „Quid obest homini, quod ex illa tabula vult eum delere humana ignorantia, si de libro viventium eum non deleat iniqua conscientia." Was thut es dem Menschen, daß er durch die Unwissenheit von Seinesgleichen aus dem Verzeichniß der menschlichen Gesellschaft ausgelöscht wird, wenn ein gutes Gewissen ihn geschrieben sein läßt im Buche der Lebendigen. Und cap. Et si dicit: „Aliud est sella terrena, aliud est tribunal coeleste; ab inferiore accipis sententiam et a superiore coronam." Anders sind die Gerichte der Menschen, anders die Gerichte Gottes. Wenn Du Gutes thust und verdammt wirst hienieden, so wirst Du dort oben gekrönt werden. In der dritten Untersuchung über das vierundzwanzigste Dekret findet sich noch eine große Anzahl von Kapiteln, worin gesagt wird, daß der, welcher eine ungerechte und unbillige Exkommunikation verhängt, selbst weit mehr von ihr getroffen wird, als der, gegen welchen sie verhängt wird. Wie, man soll nun aus dieser Disharmonie eine Harmonie hervorbringen? Wie den Widerspruch dieser Texte lösen? Es erübrigt nun, die Lösung dieser Schwierigkeit zu hören, und ich will sie auch heute Morgen geben."

„.... Der Heiland nahm also die, welche die Synagoge exkommunizirt hatte, wieder auf, obgleich das Priesterthum des mosaischen Gesetzes noch nicht verworfen war. Und bemerket, daß dieser Spruch der Pharisäer offenbar ungerecht schien, nicht nur, weil es einleuchtend war, daß das Leben, die Predigt und Lehre Jesu Christi der Heiligkeit und Wahrheit entsprachen, während das Leben der Pharisäer bös und ihre Lehre der Wahrheit zuwider war; sondern auch, weil das Urtheil einen offenbaren, den Geboten Gottes und dem Gesetze zuwiderlaufenden Irrthum enthielt und zugleich das Leben, die Predigt und die Wunder Christi klar bewiesen, daß er der verheißene Messias sei. Der Heiland nun nahm den exkommunizirten und durch die Synagoge verstoßenen Blinden auf, um uns durch sein Beispiel zu lehren, daß wir uns aus dergleichen Urtheilssprüchen wenig machen und uns deswegen nicht beunruhigen sollen.

„Zu unserer Sache nun sage ich, daß ihr den Satzungen der Kirche, der Konzilien, mit einem Worte, der Lehre der römischen Kirche glauben und gehorchen müßt. Sonach sind wir Alle verpflichtet, uns unter dem Gehorsam des Papstes zu halten, ihr und ich. Sollte es aber geschehen, (ich sage nicht, daß der Fall eingetreten sei oder eintreten werde), sollte es geschehen, daß ein der Liebe widersprechendes Gebot erginge, so muß Jedermann von vornherein den frommen Glauben haben, daß dieses Gebot nicht der Wille des Obern sei, nicht seine Meinung sei, sondern, daß er es aus Irthum, oder weil er übel unterrichtet war, erlassen habe. Ihr müßt ferner glauben, es sei die Meinung der Obern, daß ein solches Gebot nur seine Wirkung habe, wenn die dem Obern erstatteten Berichte wahr sind, im entgegengesetzten Falle aber nichtig sei. In diesem Falle sagen nun die Lehrer, müsse man seine Unterwerfung aufschieben, und den Obern über den wahren Thatbestand unterrichten. Aber setzen wir einen Fall (es ist immer nur einfache Unterstellung); ihr würdet darauf den wahren Thatbestand nach Rom schreiben. Versteht mich wohl! Ich unterstelle immer; aber sagen wir so: Irgend ein Papst will, daß ihr Böses thut, er weiß, sein Gebot ist gegen die Liebe; nichtsdestoweniger will er, daß man sich demselben unterwerfe. In diesem Falle, sage ich, in diesem Falle habt ihr weder seine Exkommunikation noch seine Gewalt zu fürchten; ja ihr müßet eher euer Leben lassen

3 *

als ihm gehorchen. Was dann den Ausspruch des heiligen Gregor angeht, wird man erwidern, er sagte: „sententia pastoris et non lupi“: hier aber würde es heißen: „sententia lupi et non pastoris.“ Darnach müsse man ebenfalls das Dekret auslegen: „sententia pastoris, sive justa, sive injusta timenda est.“ Wisset ferner, zur Erklärung dieses Textes, daß sich weiter unten ein anderer befindet: „Si Episcopus“. Dort heißt es: „Nota quod non dicit Gregorius: „est servanda“ sed „timenda est“ id est: non ex superbia contemnenda, denn, obwohl man nicht immer gehorchen muß, so ist es doch immer gut, zu fürchten, niemals aber, aus Stolz zu verachten.“

„Ferner müßt ihr wissen, daß die Kirche die Wahrheit dieses Ausspruches: „Sententia pastoris est timenda‘ bestätigt, aber „nisi contineat intolerabilem errorem, denn alsdann seid ihr nicht zum Gehorsam verpflichtet. Zum Beispiel, man macht ein Gebot, welches, im Falle es befolgt wird, den Ruin des Gemeinwohles einer Stadt und der Seelen unausbleiblich nach sich zieht. Sobald es offenbar ist, daß der Gehorsam diese Folge haben würde, und daß der Obere dazu durch böswillige Ueberredung schlechter Menschen aufgereizt sei; so darf man in keinem Falle gehorchen, weil es gewiß ist, daß man keinen größeren Fehler begehen könne, als eine Stadt zu Grunde richten zu lassen, und die Seelen den Händen der Gottlosen zu überliefern.

„Ihr werdet mir sagen, wenn Alle so thun, so wird Niemand mehr den Aussprüchen seiner Obern gehorchen. Ich antworte: wenn der Ausspruch keinen offenbaren Irrthum enthält, so muß man nichtsdestoweniger gehorchen, um seinen Nächsten nicht zu ärgern, obgleich die Exkommunifation vor Gott nichtig ist. Ein Beispiel: Eine arme Frau hat kein Mittel, zu zahlen: man exkommunizirt sie, weil man glaubt, sie könne es thun, und weigere sich. Ich sage, daß sie vor Gott nicht exkommunizirt ist, aber, um den Nächsten nicht zu ärgern, zu Hause bleiben muß und nicht zur Messe gehen darf, weil der Irrthum des Ausspruches verborgen ist. Ist aber der Irrthum offenbar und notorisch, und hat der Obere, durch Böse schlecht berathen, ein Gebot erlassen, dessen Beobachtung einen unerträglichen Irrthum zur Folge haben würde so sage ich: Ihr dürft es nicht beobachten; ihr seid nicht allein nicht gehalten, zu gehorchen, sondern ihr dürft es auch nicht einmal, weil ihr gegen Gottes Gebot handeln, durch einen Ungehorsam aber Niemand ärgern würdet, da der Irrthum des Urtheilsspruches bekannt ist. Aber merket, daß ihr in diesem Falle auch dann nicht zum Gehorsam verpflichtet seid, wenn der Irrthum verhüllt wäre. Denn niemals darf man im Widerspruche mit Gottes Gebot gehorchen, welches Aergerniß auch daraus entstehen möge, denn „Utilius permittitur scandalum, quam relinquatur veritas," „Leset, was die Lehrer schreiben über dieses Kapitel: „si quando extra: De rescriptis." Doch wozu bedarf es so vieler Kapitel, um eine so klare Sache zu beweisen?"

Alle Grundsätze, auf welche Savonarola sich in der eben angeführten Predigt stützte, haben nicht alle gleiche Auktorität. Aber sie müssen doch wohl keine Verurtheilung verdienen, da die Kongregation des Index, welche die Predigten Savonarola's einer gründlichen Untersuchung unterworfen, diese Predigt nicht verboten hat. Wie es sich aber immer damit verhalten möge; so sind doch diese Erklärungen himmelweit verschieden von denen, welche Luther über die Bulle Leo X. gab.*)

Noch könnte man anführen, die Briefe, welche Savonarola an die Könige von Frankreich und England, an den Kaiser von Deutschland und an die Königin von Spanien schrieb, um die Versammlung eines allgemeinen Concils zu erreichen und die Absetzung Alexanders VI. zu erwirken. Die Echtheit dieser Briefe kann nicht mehr bestritten werden.*) Savonarola war überzeugt, daß Alexander VI. durch Simonie auf den päpstlichen Stuhl gelangt sei. Ohne Zweifel täuschte er sich hierin**) und zog daraus falsche Schlüsse. „Mit welchem Makel die Wahl Alexanders VI., oder die Handlungen, welche man ihm vorwirft, auch immer

---

*) Nachdem er dieselbe auf öffentlichem Platze in Wittenberg mit den Dekretalen der Päpste und der Summa des heiligen Thomas hatte verbrennen lassen, sagte er in einer seiner Predigten: „Ich habe gestern auf öffentlichem Platze die Teufelswaffen der Päpste verbrannt. Noch besser wäre es gewesen der Papst selbst wäre so gebraten worden, nämlich der Papstuhl, u. s. w. Luther, VII, p. 320. Cit. von Audin, Historie de Luther, ch. XV.

**) Vgl. Marchese, Vorrede zu den Briefen Savonarola's.

***) Den Irrthum Savonarola's theilten mehrere hervorragende Personen, insbesondere der Kardinal della Rovere, welcher später unter dem Namen Julius II. Papst wurde. Raynaldi ad annum 1492, No. 25.

behaftet fein mochten; feine Wahl war durch die allgemeine Zuftim-
mung der Kirche, die ihn als rechtmäßigen Nachfolger des heil.
Petrus und als Statthalter Jefu Chrifti auf Erden verehrte, gut-
geheißen worden.

„Im Jahre 499 weigerten fich die Bifchöfe Italiens in einem
ähnlichen Falle, den Papft Symmachus zu richten, indem fie dem
Theodorich erflärten, es ftehe dem Papfte allein zu, eine Kirchenverfammlung zu berufen und darin den Vorfitz zu führen; der
heilige Stuhl habe das Recht, alle Andern zu richten, und könne
von Niemanden gerichtet werden. Zu feiner Zeit finde fich ein
Beifpiel, daß ein römifcher Papft von feinen Untergebenen gerichtet
worden fei. *)

Doch in Anbetracht der irrigen Meinungen, welche bei Gelegenheit des großen Schisma's fich verbreiteten, darf der Irrthum
Savonarola's nicht überrafchen. Mehrere Theologen, welche in der
Gemeinfchaft der römifchen Kirche verblieben, gingen in ihren
Anfichten über die Berufung einer allgemeinen Kirchenverfammlung,
im Falle, daß ein Papft zweifelhaft fei, fehr weit. Dazu waren
damals auch noch nicht alle kirchenrechtlichen Fragen, welche fich
an die Papftwahl knüpften, endgültig entfchieden, und eine Täu-
fchung war weit eher möglich. **)

Savonarola hat fich getäufcht; aber, was kann man daraus
in Bezug auf feine Reform fchließen? Ein Irrthum in einer That-
fache oder eine gewagte Meinung über den Sinn einiger unklaren
Stellen des corpus juris begründen keine Trennung von der katholifchen Kirche. Um darzuthun, daß die von Savonarola verfuchte
Reform mit der Luther's Aehnlichkeit habe, müßte man nachwei-
fen, daß Savonarola entweder die Lehre der Kirche verbeffern
wollte und Irrthümer, welche dem Glauben der katholifchen Kirche
zuwiderlaufen, gelehrt habe, oder daß er eine Sittenreform mit
Hintanfetzung der Auctorität des Papftes beabfichtigt habe; das
läßt fich aber nicht feftftellen und wird man niemals beweifen.

Hören wir über den erften Punkt einen proteftantifchen
Schriftfteller, deffen Zeugniß nicht verdächtigt werden kann. Sis-

---

*) Marchefe. — Scritti vari. — San Marco lib II, p. 228.
**) Julius II. erließ im Jahre 1505 eine Bulle über die Nullität der
fimoniftifchen Wahlen. Cum tam divino. Vergl. Passerini, De electione
Pontificis quest. XXI.

monbi trägt kein Bedenken, zu behaupten, „Savonarola habe sich
bei seinem Versuche, die Kirche zu verbessern, nicht von den katholischen Grundsätzen entfernt, und sich in Betreff der Lehre nicht
das Recht der f r e i e n F o r s c h u n g zugesprochen: alle seine Bemü-
hungen hätten sich darauf beschränkt, die Kirchenzucht herzustellen,
die Sitten der Geistlichkeit zu verbessern und Priester wie Laien
zu vollkommnerer Beobachtung der evangelischen Gebote zurückzuführen." *)

Ueber den zweiten Punkt wollen wir Savonarola selbst in
seinem „T r i u m p h d e s K r e u z e s", seinem zuletzt verfaßten
Werke **) hören, da er schon unter den Drohungen Alexanders VI.
seufzte. Er schreibt:

„Alle Irrgläubigen stimmen in Demjenigen mit uns überein,
was sich entweder im neuen Testamente allein oder im alten und
neuen zugleich findet, obgleich sie weder unter einander, noch mit
uns über die Auslegung der heiligen Schrift einig sind. Wir finden
aber in beiden Testamenten nur ein einziges Oberhaupt in der
Kirche bestellt und angeordnet. Wisset ihr nicht, was Gott hierüber
durch den Propheten Oseas angeordnet hat? „D i e K i n d e r
J u d a's u n d d i e K i n d e r I s r a e l s s o l l e n z u s a m m e n k o m -
m e n," spricht er, „u n d e i n H a u p t ü b e r s i c h s e t z e n."
Der Heiland selbst sagt beim Evangelist Johannes, „d a ß n u r
e i n H i r t u n d e i n S c h a f s t a l l s e i n w e r d e." Man kann aber
nicht sagen: Jesus sei das Haupt der Kirche in der Weise gewe-
sen, daß er nach seiner Himmelfahrt dieselbe ohne ein anderes
Haupt auf Erden hätte zurücklassen wollen, da die Kirche in diesem Falle der Spaltung, Verwirrung und Unordnung zur Beute
geworden wäre. Die Meinungsverschiedenheiten, Streitigkeiten und
Schwierigkeiten würden ohne einen Allen wohl bekannten Richter

---

*) Histoire du renouvellement, des progrès, de la decadence et de
la ruine de la liberte en Italie, chap. XIII.

**) Dieses Werk wurde in Rom auf Anordnung der Kongregation der
Propaganda gedruckt, um das Vademecum der hieronymitischen Missionäre zu
sein. Der Kardinal Anton Barberini, Bruder des Papstes Urban VIII., fügte
seinem Testamente vom 23. August 1646 ein zweites Kodizill bei, um
anzuordnen, daß nach seinem Tode sein Erbe 500 Thaler zum Drucke dieses
Buches verwende. „Das ist gewiß, sagt ein Schriftsteller, kein geringes Zeugniß
der besonderen Hochschätzung, in welcher die Heiligkeit und Wissenschaft des
genannten Mönches bei dem Kardinal stand. (Anmerkungen zu den Denkwür-
digkeiten des Comines, Buch VIII.)

niemals eine Lösung gefunden haben. Darum sprach Jesus zu Petrus: „Weide meine Schafe!" und ferner: „Ich habe für Dich gebetet, Petrus, daß Dein Glaube nicht wanke; und Du, wenn Du bekehrt sein wirst, stärke Deine Brüder!" Hieraus sieht man klar, daß Jesus Christus den heiligen Petrus zu seinem Stellvertreter auf Erden gesetzt hat, wie es folgende andere Aussprüche noch besser erkennen lassen: „Du bist Petrus, und auf diesem Felsen will ich meine Kirche bauen, und die Pforten der Hölle sollen sie nicht überwältigen. Dir will ich die Schlüssel des Himmelreiches geben; Alles, was Du binden wirst auf Erden, soll auch im Himmel gebunden sein, und Alles, was Du lösen wirst auf Erden, soll auch im Himmel gelöst sein." Man kann aber nicht sagen, diese Gewalt und Auctorität sei nur dem heiligen Petrus, und nicht auch zugleich seinen Nachfolgern gegeben, da ja Christus verheißen hat, daß seine Kirche bis zum Ende der Welt dauern solle. Siehe, ich bin bei euch alle Tage, bis zum Ende der Welt. Das hatte schon der Prophet Isaias angedeutet, als er von dem Sohne Gottes sagte: Er wird sitzen auf dem Throne Davids und in seinem Reiche, es in Recht und Gerechtigkeit zu bestärken und zu befestigen auf ewig. Daraus ergibt sich, daß Die, welche Petri Stelle einnehmen, ihm in ununterbrochener Reihe nachfolgen, damit immer ein Haupt in der Kirche sei, welches mit derselben Macht und demselben Ansehen, wie Petrus, die Stelle Jesu Christi in derselben einnehme. Da nun aber die Bischöfe von Rom diese Nachfolger des heil. Petrus sind, so ist die römische Kirche unbestreitbar die Lehrerin und das Haupt aller anderen Kirchen, und alle Gläubigen müssen mit dem römischen Papste wie die Glieder mit dem Haupte vereinigt sein. Alle, welche sich trennen von der Einheit und der Lehre der römischen Kirche, trennen sich folglich auch von Jesus Christus." (Pars IV., cap. VI.)

Die Prüfung, welche wir nun über die Lehre Savonarola's anstellen werden, wird diese Abhandlung schließen.

———

III.

Hieronymus Savonarola hat eine große Anzahl Werke geschrieben; *) mehrere seiner Predigten sind gesammelt und viele Briefe von ihm erhalten worden. Es wäre nun doch sonderbar, sollte sich der wahre Gedanke eines Schriftstellers nicht in so vielen Schriften enthüllen. Man kann indeß die Gegner Savonarola's getrost auffordern, auch nur eine einzige Seite daraus anzuführen, welche der protestantischen Reform das Recht gebe, ihn als einen ihrer Vorläufer in Anspruch zu nehmen. Das hoffe ich zu beweisen, indem ich darthue,

1. daß Savonarola immer der Lehre des heil. Thomas treu geblieben;

2. daß er im Voraus alle später von Luther angegriffenen Wahrheiten behauptet habe;

3. daß er stets die Auktorität des römischen Papstes, des Nachfolgers Petri, als Glaubensregel anerkannt habe.

1. Daß Savonarola stets der Lehre des heiligen Thomas treu geblieben sei, das ergibt sich aus seinem ganzen Leben und aus dem aufmerksamen Studium seiner Schriften. Nach dem Zeugnisse der gewichtigsten Schriftsteller wissen wir, daß Savonarola aus Liebe zur Lehre des heil. Thomas in den Orden der Predigerbrüder eintrat. **) Im Jahre 1497, ein Jahr vor seinem Tode, sagte er: „Drei Dinge will ich euch in Betreff des heiligen Thomas wiederholen. Ich verehrte ihn schon in der Welt. Ich bin sehr unwissend; aber was ich weiß, das habe ich durch mein Anschließen an die Lehre dieses großen Lehrers gelernt. Je mehr ich über ihn nachdenke, desto mehr bleibe ich überzeugt, daß er ein Riese ist, ich aber sehr klein bleibe." ***)

Savonarola sah die Anhänglichkeit des Ordens der Predigerbrüder an diese Lehre als einen Ehrentitel an, und schrieb: „Absit ab ordine nostro, omnis pravi dogmatis nota, qui semper haeresum et errorum acerrimus expugnator exstirpatorque ac catholicae fidei praecipuus defensor fuit." Ich frage aber:

---

*) Siehe das Verzeichniß dieser Werke im Anhang V.
**) Vgl. Pic. della Mirandola, loc. cit.
***) Elfte Predigt, geh. am Dienstag der ersten Fastenwoche.

Gibt es eine Lehre, die von allem Irrthum entfernter und mehr katholisch ist, als die Lehre des heil. Thomas? Seit sechs Jahrhunderten haben fast alle Päpste, welche einander auf dem Stuhle Petri folgten, in dem Lobe seiner Lehre gewetteifert. Johan XXII. nennt sie „übernatürlich", *) Urban V. „gesegnet und katholisch",**) Nikolaus V. „ein Licht der katholischen Kirche",***) Pius V. erhebt Thomas zum Range eines Kirchenlehrers, „zu Wachsthum und Frommen des katholischen Glaubens." ****) Sixtus V. nennt ihn „den Ruhm seines Ordens und die Zierde der katholischen Kirche" †) Clemens VIII. erklärt, seine Werke seien „mit wunderbarer Klarheit und ganz ohne allen Irrthum geschrieben." ††) Paul V. gibt ihm den Titel „des berühmtesten Vertheidigers des katholischen Glaubens, dessen Schriften sich die katholische Kirche als eines Schildes bediene, um damit die vergifteten Pfeile der Irrgläubigen zurückzuweisen." †††) Innozenz XII. erklärt, „die römische Kirche halte sich streng an seine Lehre." ††††) Benedikt XIII. faßt die ganze Ueberlieferung seiner Vorgänger zusammen, indem er an die Predigerbrüder schreibt:

„Lasset niemals ab von dem eifrigen Studium der Werke eures heiligen Lehrers; frei von allem Irrthum und strahlender, als die Sonne, verbreiten sie das wahre Licht in der Kirche Jesu Christi. Haltet stets fest an diesen Schriften; sie sind die sicherste Regel, um nie von der Lehre der Kirche abzuweichen." †††††)

---

*) Non absque speciali Dei infusione." (Const. Redemptionem.)

**) Doctrinam tanquam benedictam et catholicam." (21. Aug. 1386.)

***) „Ex cujus doctrina tota universalis illuminatur Ecclesia" (20 Jul. 1451).

****) „Ad christianae religionis augmentum et utilitatem" (1570).

†) „Ordinis sui decus et Ecclesiae catholicae ornamentum."

††) „Mira perspicuitate sine ullo penitus errore conscriptos." (Sicut Angelici.)

†††) Splendidissimi catholicae fidei athletae, cujus scriptorum clypeo militans Ecclesia haereticorum tela feliciter elidit, ect. (1607.)

††††) „Cujus doctrinam Romana (Ecclesia) sequitur et servat statuta" (Breve Tradidit).

†††††) Breve an die Dominikaner, 1724.

Das Ansehen der Lehre des heil. Thomas auf den General-
konzilien ist bekannt. *) Nach Anordnung der Väter des Konzils
von Trient wurde neben der heil. Schrift seine Summa als die
treffendste Erklärung derselben aufgelegt. **)

Wenn dem so ist, wenn die Lehre des heil. Thomas so sicher
ist, und wenn Savonarola sich so eng an dieselbe anschloß; wie
hätte er dann die Irrthümer Luther's lehren können, welche durch
dieselben Päpste verdammt, und durch eben dieses Konzil mit dem
Banne belegt wurden?

3. Aber weit entfernt, Luthers Lehren zu theilen, hat er sie
im Voraus verdammt. Man urtheile selbst darüber aus folgenden Auszügen: Savonarola lehrt die Rechtfertigung aus reiner
Gnade, sowie den Unterschied zwischen der Natur und Gnade. Indem er den Einwurf widerlegt, daß es ungerecht sei, die Nachkom-
men Adams für eine Sünde zu strafen, die sie sich doch nicht
freiwillig zugezogen hatten, sagt er:

„Die ursprüngliche Gerechtigkeit und Gnade gehört nicht zur
menschlichen Natur, sondern ist derselben nur aus göttlicher Freigebigkeit verliehen. Gott ist zwar keinem Geschöpfe verpflichtet;
dennoch hat er verschiedene Wesen so geschaffen, daß Eines und
Anderes zu ihrer Natur erforderlich ist. So gehört der Verstand
zur menschlichen Natur, so gehören die Glieder dazu und Alles
Andere, ohne welches er entweder nicht wäre, oder seine natürliche
Vollkommenheit nicht hätte. Die ursprüngliche Gerechtigkeit und
Gnade dagegen entsprang nicht aus einer Naturverpflichtung, einem
inneren Naturbedürfnisse, sondern aus reiner und überschwenglicher
Freigebigkeit. Wer aber etwas aus reiner Freigebigkeit spendet,
der kann es immer vertheilen, wann und wie es ihm beliebt." ***)

Luther dagegen behauptet, daß die ursprüngliche Gerechtigkeit
zur Natur des Menschen gehöre, einen Theil seines Wesens aus-
mache, „esse de natura, de essentia hominis" und
indem er dem entsprechend leugnet, daß sie ihm geschenkt sei als
eine übernatürliche Gabe durch die Gnade, behauptet er, sie sei

---

*) Tanti viri doctrinam in conciliis etiam oecumenicis celebratam.
(Clemens XII, Verbi Dei.)
**) Goudin, Dissert. II, De laudibus D. Thomae.
***) Triumphus Crucis, lib. III, cap IX.

nur das Werk seiner natürlichen Fähigkeiten, die Frucht seiner Anstrengungen. *)

Mit dem heil. Thomas und den übrigen katholischen Lehrern sagt Savonarola, die Natur der Erbsünde bestehe in der Beraubung der heiligmachenden Gnade und der anderen übernatürlichen Gaben; dadurch aber sei die Wesenheit der menschlichen Natur nicht zu Grunde gerichtet und das freie Wahlvermögen nicht zerstört. „Diese Beraubung der ursprünglichen Gerechtigkeit, sagt er' und des übernatürlichen Geschenkes nennen wir die vom Stammvater auf die ganze Nachkommenschaft übergegangene Erbsünde." **)

Luther dagegen lehrt, „daß alle Menschen, welche nach dem Fleische gezeugt sind, mit der Sünde geboren werden, nämlich ohne Gottesfurcht, ohne Gottvertrauen und mit der bösen Lust, ***) daß die Erbsünde etwas Positives sei, das freie Wahlvermögen zerstört und die ganze menschliche Natur verderbt habe." ****)

Savonarola behauptet, daß die guten Werke zur Rechtfertigung nothwendig seien. Von Jugend an hatte er den Grundsatz, „Einem Jeden nach seinem Werke" als Regel seiner Handlungen angenommen.†) In einer seiner Predigten sagt er: „Willst Du von Jesus Christus geliebt werden? Du mußt antworten auf seinen göttlichen Ruf. Der Herr verlangt von Dir Dein Herz. Thue denn Etwas für Ihn!" ††)

In einer anderen Predigt sagt er: „Wer hat je einen noch so großen Sünder gefunden, der seine Sünde bereut und sich zu Gott gewendet hätte, und nicht gerechtfertigt worden wäre? O ihr Alle, die ihr gefallen seid, erhebet euch, und Gott wird euch aufnehmen. Rufet seine göttliche Barmherzigkeit an, und eure Sünden werden vergeben sein." †††)

Die gesammte Lehre Savonarola's ließe sich nicht erklären, ohne den Glauben an die Nothwendigkeit der guten Werke für die Rechtfertigung.

---

*) Luther in Genes. cap. III. — Opp., ed. Jen. tom. I, pag. 83. — Apolog. de peccat. orig.
**) Triumph. Cruc., loc. cit.
***) Confession Augsb.. Art. II, pag. 12.
****) Ibid. Declarat. I. de peccato originali, §. 22, et de libero arbitrio §. 14 — declarat. I. de peccato origin. §. 21.
†) Caesar Cantù, Gli eretici d'Ital. 1866.
††) Predigt XVI.
†††) Caesar Cantù. Ibid.

Es wäre überflüssig, nachzuweisen, daß die Rechtfertigung durch den Glauben ohne die guten Werke immer von Luther gelehrt worden ist.

Savonarola behauptet die katholische Lehre über die Sakramente, daß sie nämlich nicht allein Zeichen zur Erweckung unseres Glaubens, sondern auch Werkzeuge seien, die die Gnade hervorbringen.

„Jesus Christus,“ sagt er, „ist durch seine Menschwerdung, seine Leiden und seinen Tod die allgemeine Ursache unseres Heiles; und wie die allgemeine Ursache in den natürlichen Dingen ohne die Beihilfe der besonderen Ursachen keine Wirkungen hervorbringt; so war es vernünftig und angemessen, daß es auch einige besondere Ursachen unseres Heiles gebe, um uns die Kraft der allgemeinen Ursache zu vermitteln. Aber in derselben Weise, wie die zweiten Ursachen Werkzeuge der ersten sind, und wie die besonderen Ursachen der allgemeinen dienen, so sind die Sakramente die Werkzeuge, die Mittel, deren Jesus Christus sich bedient, unser Heil zu wirken . . . .

Weil aber Niemand das Heil erlangen kann, ohne die Gnade, so ist es angemessen, daß die Sakramente als Instrumentalursache, als Werkzeuge, die Gnade verleihen. *)

Luther dagegen lehrt, die Sakramente seien äußere Zeichen zur Nährung des Glaubens, und verliehen keine Gnade. **)

Savonarola sagt von der Taufe: „Im geistlichen Leben ist zuerst die Taufe nothwendig, damit durch dieselbe die Menschen, welche in der Erbsünde und ohne die Gnade geboren sind, in Christus wieder geboren werden, und Anfang und Gestalt des geistlichen Lebens erlangen.“ (Triumph. 3, 15.) „Da das Erzeugtwerden eine Versetzung aus dem Nichtsein in's Sein ist, und da der Mensch in seinem Ursprung wegen der Erbsünde des geistlichen Lebens beraubt ist, wovon er sich um so weiter entfernt, je mehr er sich in andere Sünden verstrickt; so war es recht und angemessen, der Taufe als dem Bade der geistlichen Wiedergeburt eine solche und so große Kraft zu geben, daß dieselbe alle Sünden tilge und den Menschen selbst alsobald in's geistliche Leben versetze.“ ***)

---

*) Triumph. Cruc., lib. III. cap. XIV,
**) Opp. Jen. Tom. III. fol. 266, b.
***) Triumph. Cruc. lib. III. cap. XVI.

Luther aber sagt, diese Lehre sei der des heil. Paulus und unseres Herrn Jesu Christi entgegengesetzt. *)

Savonarola behauptet, die drei wesentlichen Bestandtheile der Buße seien Reue, Beichte und Genugthuung.

„Wir bezeichnen die R e u e mit Recht als den ersten Theil des Sakramentes der Buße. Da aber ohne Kenntniß der Schuld ein rechtes Urtheil nicht gefällt werden kann; so war die B e i ch t als der zweite Theil dieses Sakramentes nothwendig, damit die noch verborgene, aber vor dem Diener Christi offen gelegte Wunde ihre entsprechende Heilung empfange. Weil also die Sakramente werkzeuglich die Gnade verleihen; so ist es gewiß, daß durch die Gewalt der Schlüssel eine vollere Wirkung der Gnade und der Nachlassung verliehen werde, als durch die Reue allein; auch wird durch deren (Schlüssel) Wohlthat von den lossprechenden Dienern Christi dem Büßer Etwas von der zeitlichen Strafe, welche übrig geblieben war, erlassen. Doch wird er zu dem Uebrigbleibenden durch die ihm auferlegte G e n u g t h u u n g verpflichtet; und diese ist der dritte Theil des Sakramentes." **)

Luther lehrt im Gegentheil, „die Theilung des Sakramentes der Buße in die Reue, Beicht und Genugthuung sei weder in der heil. Schrift noch in der Ueberlieferung der heiligen Lehrer gegründet." ***)

Savonarola lehrt mit den Katholiken die Wesensumwandlung (Transsubstantiation) des Brodes und Weines in Christi Leib und Blut.

„Wir glauben, sagt er, und bekennen, daß unter den Gestalten des Brodes, so klein sie sein mögen, der Leib Christi ganz enthalten, und daß unter den Gestalten des Weines, so klein sie sein mögen, das Blut Christi ganz gegenwärtig ist. Wir glauben, daß zu gleicher Zeit Christus ganz im Himmel ist ... Wir sagen, daß der Leib und das Blut Jesu Christi kraft der Konsekration in der Eucharistie gegenwärtig sind, nicht durch örtliche Bewegung, sondern durch Verwandlung ..... Kraft der Worte, durch welche die Wesensverwandlung vorgeht, ist in der Eucharistie der Leib

---

*) Vgl. die Bulle Leo X, Exurge Domine, welche Luther's Lehre verdammt.
**) Triumph. Cruc. lib. III, cap. XVI.
***) Bulle Leo's X. Exurge Domine.

und das Blut Jesu Christi unter den Gestalten des Brodes und des Weines, denn das ist der direkte Ausdruck der Transsubstantiation (Wesensumwandlung). Durch das Gesetz einer natürlichen Mitfolge aber ist darin auch der Leib, das Blut, die Seele und Gottheit unseres Herrn Jesu Christi."*)

Luther läßt zwar die wirkliche Gegenwart Christi im Sakrament der Eucharistie zu, verwirft aber die Wesensumwandlung.**)

Doch noch weit größer ist der Gegensatz zwischen der Lehre Savonarola's und der Luther's in Bezug auf die Glaubensregel.

Savonarola erkennt keine andere Auctorität an, als die des Papstes, des Nachfolgers Petri und des Stellvertreters Christi. Wir haben schon angeführt, wie er die Nothwendigkeit derselben nachweist.***) In folgenden Worten thut er es noch ausdrücklicher: „Wir sagen, Gott hat zur Besorgung und Verwaltung seiner Kirche in ihr ein Unbewegliches aufgestellt, zu welchem Alle, als zu dem solidesten Prinzip und Fundament hineilen sollen; wie auch in den Wissenschaften alle Schlußfolgerungen auf die ersten Prinzipien zurückgeführt werden. Wir behaupten also nicht ohne Grund, daß man Alles glauben müsse, was die heilige, römische Kirche festgesetzt hat oder in der Folge festsetzen wird; und daß man Alles verwerfen müsse, was sie verschmäht hat oder verschmähen wird. In Zweifeln ziehen wir sie zu Rath als das erste von Gott dergestalt geleitete und regierte Prinzip, daß sie vorzüglich in dem, was zum Glauben des menschlichen Geschlechtes und zu seinem Heile gehört, nicht irren kann."†)

Nachdem er seine Meinung über den Zustand der ohne Taufe verstorbenen Kinder auseinandergesetzt hat, fügt er bei: „salva semper determinatione sanctae Rom. Ecclesiae; nihil enim super hoc iuveni difinitum."††)

In seiner Predigt auf den Oktavtag des Festes Christi Himmelfahrt sagt er: „Möchtest du doch immer der Zurechtweisung

---

*) Triumph. Cruc. cap. XVII. — Vgl. auch die Abhandlung über das Sakrament und die Geheimnisse der Messe. Venedig 1538 u. 1547.
**) Augsburg. Confess. Art. X. Vgl. Salig. Vollst. Gesch. der Augsb. Confess. Bd. III, Kap. 1, pag. 171. — Möhler, Symbolit, Anmerk. zu §. XXXV.
***) Vgl. oben. S. 37 et sqq.
†) Triumph. Cruc. lib. III, cap. X.
††) Triumph. Cruc. lib. III, c. IX circa finem.

der Römischen Kirche dich fügen, jener Kirche, in der kein Irrthum ist." *)

In einer am 15. Mai 1496 gehaltenen Predigt spricht er von den zwei Lichtern, welche Gott dem Menschen ähnlich den beiden Augen gegeben hat: „Das rechte Auge ist der Glaube; er besteht vor Allem in der Bewahrung der Lehre der römischen Kirche. — Trenne dich nie von ihrem Gehorsam; sei immer aufmerksam auf das, was sie lehrt, denn es steht geschrieben: Du bist Petrus und auf diesem Felsen will ich meine Kirche bauen. Das ist Dein rechtes Auge; das linke ist die Vernunft." **)

Das gerade Gegentheil lehrt Luther: Dico itaque: „Neque Papa, neque Episcopus, neque ullus hominum jus habet unius syllabi constituendi super hominem christianum, nisi fiat ejusdem consensu. Christianis nihil nullo jure posse imponi legum, sive ab hominibus, sive ab Angelis, nisi quantum volunt. Liberi enim sumus ab omnibus." ***)

Man widerstellt ferner die Anklage wegen Häresie, die gegen Savonarola erhoben wurde. Hören wir zunächst seine eigene Antwort auf diese Anklage: „Man kann mich keinen Ketzer nennen; denn der ist ein Ketzer, welcher hartnäckig auf einer Meinung besteht, welche der heil. Schrift und der Lehre der römischen Kirche widerspricht. Was mich angeht, so glaube ich, nie Etwas gegen die Lehre Christi und der Kirche geschrieben zu haben, und Alles, was ich früher gesagt oder geschrieben habe, Alles, was ich in Zukunft schreiben werde, unterwerfe ich der Zurechtweisung der Römischen Kirche. Ich bin bereit, zu berichtigen, was sie als irrig erklärt." ****)

Wie konnte Savonarola bei solchen Grundsätzen ein Häretiker sein? Die Häresie kennzeichnet sich durch Hartnäckigkeit und Widerspenstigkeit des Willens. †)

Freilich beschuldigt Alexander VI., als er am 12. Mai 1497 die Mönche dell' Annunziata zu Florenz beauftragte, die gegen

---

*) Marchese, Scritti vari, pag. .177.
**) Ibid.
***) De captivitate Babylonis. pag. 288.
****) Compend. revelat.
†) Haeresis est error intellectus cum pertinacia voluntatis contra veritatem aliquam fidei catholicae, in eo qui fidem recipit.

Savonarola erlaſſene Exkommunikation zu verkünbigen, ihn in dem Exkommunikationsbreve, „in der Stadt Florenz zum großen Aergerniß der durch Chriſti Blut erkauften Seelen eine verderbliche Lehre ausgeſäet zu haben, und erklärt ihn der Ketzerei ver= bächtig.“ *) Aber der Ketzerei verbächtig ſein, heißt noch nicht ein Ketzer ſein. Alexander VI. erklärt in dieſem Breve, baß dieſe Anklage wegen Häreſie nur durch den Bericht von Perſonen, die er für glaubwürbig halte, an ihn gelangt ſei. **)

Savonarola war nicht gehört worden, und reinigte ſich von dieſer Anklage in ſeinem Briefe an Alexander VI. vom 22. Mai desſelben Jahres. In dieſem Briefe beklagt er ſich, baß der Papſt lügenhaften Berichten Glauben geſchenkt habe, er beruft ſich für die Reinheit ſeiner Lehre auf die Tauſenbe von Zuhörern, die ihm Zeugniß geben könnten, ſowie auf ſeine öffentlichen Schriften, und bittet den heiligen Vater um Anorbnung einer Prüfung.“ ***)

Dieſe Anklage wegen Häreſie wurde allerbings während ſeines Prozeſſes noch wiederholt. Wir wiſſen aber, baß das Original dieſes Prozeſſes verloren gegangen und der größte Theil der auf uns gekommenen Schriftſtücke der Fälſchung verdächtig iſt. ****)

Aus den unzweifelhaft ächten Dokumenten ergibt ſich nicht, baß er zum Widerruf irgend eines Irrthums angehalten worden wäre. Die unterrichtetſten und unparteiiſchſten Geſchichtſchreiber haben ebenfalls zu dem Schluß gelangt baß Savonarola nicht wegen des Verbrechens der Häreſie verurtheilt wor= ben ſei. †)

---

*) Semiuasse puoddam perniciosum dogma in civitate Florentiae, in scandalum et jacturam ac perniciem simplicium animarum Christi sanguine redemptarum. . . . . . ut dictum Fr. Hieronyum excommunicatum et de haeresi suspectum penitus evitent (Vide Append. No 6).

**) Fide dignis et doctis viris tam ecclesiasticis quam secularibus intelleximus puemdam fratrem seminasse etc. (Ibid.)

***) Siehe Anhang Nr. 6.

****) Vgl. Marchese, Scritti vari. lib, II, pag. 243. Im Jahre 1530 wurden die Akten dieſes Prozeſſes auf den Vorſchlag des Lorenz Ridolfi aus dem Archiv der Repuplik weggenommen, und alle noch vorhandenen Exemplare aufgeſucht und dem Feuer übergeben. (Benedetto Varchi, Storie fiorentiene, lib IX.)

†) Justi rerum observatores Hieronymi mortem, non ob haeresim quod se prophetam falso jactavit sed solum politica ratione illi inflictam censent. (Quetif et Echard, Scriptores Ord. Praed Lut. 1719, tom. I. pag. 885).

4

Endlich wurde diese Anklage oftmals im Laufe der Jahrhunderte wiederholt; aber Savonarola's Andenken ist immer siegreich daraus hervorgegangen.

Unter dem Pontifikat Paul IV. wagte es der Bruder Bernardin von Lucca, dieselbe in einer Predigt vor dem Papste zu erneuern. Es genügt aber, zu bemerken, daß im Jahre 1558, unter demselben Papste, sämmtliche Schriften Savonarola's durch eine Kongregation mit der größten Sorgfalt geprüft und von allem Irrthum frei erklärt worden sind. *) Es ist bekannt, daß der heil. Philippus Neri während der Berathungen dieser Kongregation in der Kirche der Minerva ein vierzigstündiges Gebet angestellt hatte, und den Ausgang dieser Untersuchung durch wunderbare Offenbarung erkannte. „Mit einem Mal," so erzählen die Geschichtschreiber, „hörte man ihn ausrufen: „Viktoria! wir haben gesiegt! Der Herr hat unsere Gebete erhört; er hat die Unschuld offenbar werden lassen." **)

Die Anklage wurde unter Julius III. erneuert, aber mit eben so wenig Erfolg. Ambrosius Katharinus, der als Ankläger auftrat, wurde durch eine ebenso gelehrte, als tugendhafte Frau widerlegt, was den Pabst veranlaßte, zu sagen: „Wenn selbst die Weiber für die Rechtfertigung Savonarola's schreiben, was werden erst die gelehrten Schriftsteller thun? ***)" Bei ähnlicher Veranlassung sagte Paul III., er würde Den selbst als der Ketzerei verdächtig erachten, welcher Savonarola derselben beschuldige. ****)

Zuletzt wurde diese Frage bei Gelegenheit der Seligsprechung der heil. Katharina von Ricci wieder aufgenommen. Es wurde durch den Prozeß dargethan, daß die ehrwürdige Frau in ihrer Zelle ein von Bartholomäus della Porta gemaltes Bild aufbewahrte

---

*) Die Kongregation verbot bloß einige Predigten donec emendati prodeant. Der Grund davon, sagt Marchese, war nicht der, daß diese Predigten irgend einen Irrthum gegen das Dogma oder die Disziplin enthielten, sondern weil Savonarola darin in einer zu bittern Weise die Sünden der Geistlichkeit geißelt. (Scritti vari,. lib. II.)

**) Ricci, Leben dieses Heiligen, Buch III Kap. I ꝛc. Durch den Prozeß der Seligsprechung dieses großen Heiligen ist konstatirt, daß derselbe eine große Verehrung für Hieronymus Savonarola hatte, dessen Bildniß er, mit einem Heiligenschein umgeben, in seinem Zimmer aufbewahrte, und dessen Schriften er mit vielem Nutzen las. (Francisco — Zagara — Fautana — Bzovius ꝛc.)

***) Bzovius, pag. 520, lol. II.

****) Ibib.

mit der Inschrift: F. Hieronymi Ferrar. a Deo missi Prophetae vera effigies, daß sie in einer Kapsel einen seiner Finger aufbewahrte mit der Inschrift: Digit. B. Hieronymi de Ferrara, Prophetae et Martyris, daß sie ferner mehrere seiner Handschriften, deren Lesung ihre Freude ausmachte, besaß, daß sie endlich behauptete, durch die Fürbitte des Hieronymus Savonarola wunderbarer Weise geheilt worden zu sein.

Prosper Lambertini war damals Glaubensanwalt (promotor fidei). In seinen tadelnden Aussprüchen hob er einen jeden dieser Punkte hervor und sagte: Oppono eam peccasse, etc. etc. *) Allein die Postulatoren (die Anwälte der Heiligzusprechenden) erwiderten ihm, daß Savonarola sich während seines Lebens eines großen Rufes der Heiligkeit erfreut habe; daß er, nach Empfang der heil. Sterbesakramente und des päpstlichen Segens in articulo mortis, in der Gemeinschaft der Kirche gestorben; daß der privaten Anrufung der muthmaßlich im Frieden des Herrn verstorbenen Seelen Nichts im Wege stehe, und daß die Jungfrau von Prato durch das Beispiel des heil. Philippus Neri gerechtfertigt sei.

Prosper Lambertini findet diese Gründe zureichend: Weil es sicher war, sagte er, daß Savonarola fromm gelebt und am Schlusse seines Lebens unzweideutige Zeichen der Reue gegeben hatte, weil er seinen Tod mit ganz christlicher Ergebung angenommen und ihn der Ruf seiner Heiligkeit nach seinem Tode überlebt hat. **) Dann fährt er fort: Die beinahe an Einstimmigkeit grenzende Mehrheit der Konsultatoren hat die Stärke dieser Gründe anerkannt. Als aber Mehrere bei dieser Gelegenheit die Verdienste und Tugenden Savonarola's, so wie die Ungerechtigkeit seiner Hinrichtung in Erörterung ziehen wollten, was von keinerlei Belang für den Erfolg der Sache unserer Heiligen war; so wurde Bericht an Papst Benedikt XIII. erstattet, welcher anordnete, daß über die Gerechtigkeit oder Ungerechtigkeit der Ver-

---

*) De servorum Dei beatif III. c. XXV, No. 17 et seq.
**) Siehe Anhang No. 2. lib. III.

4*

urtheilung Savonarola's nicht ferner gesprochen werden sollte, um nicht auf eine schon früher als streitige Sache verhandelte und gegenwärtig erloschene Frage zurückzukommen. Darum legte er Stillschweigen über die aus Anlaß des Gebetes der heil. Katharina gemachte tabelnde Ausstellung auf, daß weder für noch gegen die Sache ein Schluß daraus gezogen werden konnte. *)

Dieses Dekret wurde durch Papst Clemens XIII. bestätigt, und erst später, als Prosper Lambertini unter dem Namen Benedikt XIV. Papst geworden, ward ihm der Ruhm zu Theil, die heil. Katharina von Ricci heilig zu sprechen. Wie kann man es angesichts solcher Auctoritäten wagen, die Anklage wegen Häresie zu wiederholen?

Hieronymus Savonarola wurde den 23. Mai 1498 in Florenz hingerichtet.

Der Tod ist gleichsam das letzte Siegel des Lebens; und nach diesem Gepräge wird der Mensch vor dem Richterstuhle Gottes und der Geschichte gerichtet.

Hätte Savonarola vor seinem Tode seinen Glauben auch nur mit einem einzigen Worte oder mit einer einzigen Handlung verleugnet, so müßten wir ihn unsererseits verleugnen, und die protestantische Reform könnte ihn sich zurechnen. Jedoch weit entfernt, seine katholischen Ueberzeugungen zu verleugnen, hat er vielmehr das Glück gehabt, dieselben im Augenblicke seines Todes zu bekräftigen.

Er betheuerte seine Gesinnung als Ordensmann dadurch, daß er den Urtheilsspruch, welcher ihm durch den General des Dominikanerordens mitgetheilt wurde, ohne Murren annahm. Als er die Stufen des Palastes herabstieg, trat ihm Sebastian Buontempi, Prior von Santa Maria Novella entgegen, und redete ihn mit den Worten an: „Auf Befehl des P. Generals muß ich dich des Skapuliers berauben." „Hier ist es," antwortete Savonarola und fügte hinzu: „O heiliges Kleid, das ich vor jeder Befleckung rein bewahrt, bis zu dieser Stunde, lebe wohl! denn man will, daß ich mich von dir trenne." Er betheuerte seine Gesinnungen als Katholik, indem er, wie auch seine Gefährten, am Vorabende seines Todes einen Beichtvater verlangte. Am Morgen hörten sie

---

*) Siehe Anhang No. 2.

in der Kapelle des Palastes die heilige Messe. Alle drei kommuni=
zirten. Savonarola hatte die Erlaubniß bekommen, das Brot des
Lebens, welches er Andern so oft gespendet hatte, in seine Hände
nehmen zu dürfen. Als er das h. Sakrament empfing, sprach er
folgende Worte: „Herr, mein Gott! Ich weiß, daß du bist jene
vollkommene, untheilbare Dreifaltigkeit in drei verschiedenen Per=
sonen; Vater, Sohn und Heiliger Geist. Ich weiß, daß du jenes
ewige Wort bist, welches vom Himmel in den Schooß der Jung=
frau Maria herabstieg und am Stamme des Kreuzes erhoben
wurde, wo dein Blut für uns elende Sünder vergossen ward. Ich
bitte dich, mein Herr, ich bitte dich um das Heil meiner Seele;
ich bitte dich, mein Tröster, daß dein so kostbares Blut nicht um=
sonst vergossen sei, sondern mich reinige von allen meinen Sünden,
um deren Verzeihung ich dich anflehe, hier mein ganzes Leben,
von dem Tage meiner Taufe bis zu diesem Augenblick; ich spreche:
mea culpa!" *)

Die drei Verurtheilten schickten sich an, den Scheiterhaufen
zu besteigen, als der Vertreter des Papstes, Ramolino, zu ihnen
sprach: „Es hat seiner Heiligkeit, Alexander VI. gefallen, euch von
den Flammen des Fegfeuers zu befreien, und euch eine vollkom=
mene und gänzliche Nachlassung eurer Sünden zu gewähren.
Nehmt ihr sie an? „Alle Drei neigten das Haupt und antworteten:
„Ja." **)

Endlich betheuerte er die Reinheit seiner Lehre. Beim Em=
pfange der heil. Komunion sprach er folgendermaßen! „Ich neh=
me alle Irrthümer, welche ich gelehrt haben könnte,
zurück." Während man ihm das eiserne Halsband anlegte,
hörte man ihn das Credo beten. Man weiß, daß das erste
Wort, welches über seiner Wiege gesprochen worden, auch das
letzte war, welches seinen Lippen entfloh: „Ich glaube eine heilige
katholische Kirche." Die heilige katholische Kirche hat seine letzten
Gedanken aufgenommen; er starb in ihrer Gemeinschaft.

So bietet Savonarola sich dem Urtheile der Nachwelt dar,
so muß ihn die Kunst wiedergeben.

Denn die Künste haben die Wahrheit zur Regel; von ihr

*) Burlamacchi, S. 158 — Pico u. s. w.
**) Audin, Histoire de Leon X., Ch. IX.

können sie sich nicht ohne Versündigung der Gerechtigkeit entfernen. *)

In dem berühmten Gemälde der Disputa, welches auf Befehl des Papstes Julius II. in den Logen des Vatikans gemalt wurde, hat Raphael den Savonarola an der Seite des heiligen Thomas von Aquin dargestellt. Ich stelle dieses Hauptwerk des großen italienischen Künstlers dem Monument Ritschl's entgegen, und protestire, unter Hinweisung darauf, gegen die Statue Savonarola's zu Worms, gegen eine Zusammenstellung, welche durch Nichts gerechtfertigt ist, und offenbar aller Wahrheit und Gerechtigkeit Hohn spricht.

Diese Protestation unterbreite ich getrost allen Männern von Ehre und Gewissen.

---

*) Veritas quae lex omnium artium dicitur. Aug., De vera religione XXXI.

Anhang Nr. I.

Das Luther-Denkmal in Worms.

Nach dem Entwurf von E. Rietschel.

Man könnte es eben so richtig ein Denkmal der Reformation und ihrer Helden nennen, dieses Lutherdenkmal, welches uns der vorliegende Holzschnitt zeigt, durch dessen Verkauf zugleich die noch fehlenden Mittel für die Ausführung dieses großartigen Kunstwerkes mitbeschafft werden sollen.

Inmitten der reichen Gruppe auf erhöhtem Postament sehen wir den Hauptthelden, Luther selber, aufgefaßt in dem erhabenen Momente, wie er auf dem Reichstage zu Worms am 18. April 1521 die ewig denkwürdigen Worte ausspricht, welche die obere Inschrift des ganzen Bildes in den Ranken der Einfassung bilden.

Am Sockel des Postamentes, welches oben mit den Medaillons der bedeutendsten Mitkämpfer für die Reformation, unten mit Scenen aus Luther's Leben und den Wappen der acht Unterzeichner der Augsburger Confession geschmückt ist, sitzen vier Vorkämpfer der Kirchenverbesserung, zugleich als Vertreter von vier Nationalitäten: rechts Huß, links Savonarola, dahinter Wiklef und Petrus Waldus; beide letztere auf unserem Bilde nur wenig sichtbar.

Vier große Standbilder umgeben dieses Hauptbild Luther's. Zur Rechten des Beschauers steht vorn Philipp der Großmüthige von Hessen, in kühner thatkräftiger Bewegung nach oben blickend, hinter ihm der milde Melanchthon in bescheidener Demuth. Zur Linken vorn Friedrich der Weise von Sachsen, in fester Entschlossenheit das Churschwert des Reiches zum Schutz der heiligen Sache erhebend. Hinter ihm der hochgelehrte Reuchlin im freien kraftbewußten Vorschreiten. In diesen vier Männern hat der Künstler die weltliche und geistige Macht, wie sie der Reformation hülfreich zur Seite stand, trefflich charakterisirt.

In den Zwischenräumen dieser Standbilder sitzen die symbolischen Frauengestalten von drei Städten, welche handelnd und leidend wesentlich mit der geschichtlichen Thatsache der Reformation in Verbindung genannt werden.

Zur Rechten Magdeburg, trauernd und mit zerbrochenem Schwerte, wie es um des Glaubens willen das Martyrthum der Zerstörung erduldete. Zur Linken Augsburg mit der Palme des Sieges und dem inhaltschweren Blatte der Augsburger Confession in den Händen. Im Hintergrunde Speyer, in protestirender Haltung an die muthige Glaubensthat erinnernd, von welcher die Evangelischen den Namen „Protestanten" erhielten, ein Name, den alle Kirchen evangelischen Bekenntnisses, seitdem als Ehrennamen auf ihren Fahnen erglänzen lassen.

Diese letztere Gestalt ist jedoch auf unserm Bilde verdeckt durch das Postament des Lutherbildes.

So steht der Gewaltige inmitten seiner Helden und Mitstreiter auf dem geistigen und leiblichen Kampfplatze, selbst die Stätten der historischen Thatsache in Gestalten verkörpert um ihn her!

Das Ganze aber, umschlossen von Mauern und Zinnen, mit den Wappen der Städte, welche zuerst die Reformation in ihren Mauern aufnahmen und schützten, klingt uns entgegen wie ein feierlicher Choral: ja wie die Siegeshymne selber, welche der Gottesstreiter mitten in Kampf und Noth siegesbewußt gesungen:

Ein' feste Burg ist unser Gott,
Ein' gute Wehr und Waffen!

Ja so sei auch dieses Werk, als ein Siegeszeichen der größten Geistesthat in dem Kampfe, der noch immer dauert, noch immer neue Streiter, neue Helden fordert, von allen protestantischen Völkern befördert, zugleich ein Zeichen ihrer Einigkeit im Geiste, trotz aller Verschiedenheit des Bekenntnisses.

Das Standbild Luther's erreicht eine Höhe von 10 Fuß 6 Zoll Rheinl., das Piedestal ohngefähr 18 Fuß.

Die vier übrigen Standbilder werden 8 Fuß, die sitzenden Reformatoren 7 Fuß 6 Zoll, und die drei sitzenden Gestalten der Säule 7 Fuß Höhe (beide letzteren stehend gedacht) erhalten.

Dresden, im April 1860.

J. H.

Anhang Nr. II.

Auszug aus dem Werke Benedikt XIV.: De servorum Dei beatificatione etc.

47. Dei Serva in ditione Florentina existens, annos nata decem et octo, in privata vocali oratione se commendaverat Fratri Hieronymo Savonarolae, Dominicanae familiae alumno jam defuncto, ut a morbo, quo vexabatur, liberaretur. Ego, tamquam Fidei Promotor opposui, eam peccasse: licet enim pro Hieronymo Savonarola editae fuerint apologiae a Joanne Francisco Pico Mirandulano, a Marcilio Ficino, et a pluribus aliis, quorum dicta erudite collegit Abraham Bzovius in Annal. tom. 18 ad ann. 1498 n. 10, constat nihilominus, et ipsum, et duos ejusdem socios fuisse brachio saeculari traditos, strangulatos laqueo, et flammis exustos in urbe Florentina, anno 1498, post editum adversus ipsos processum a Patre Generali Magistro Ordinis Praedicatorum, et a Romolino Episcopo, postea Cardinali Surrentino, Judicibus ab Alexandro VI. Pontifice delegatis; ex quo processu, quamvis nullatenus constiterit, aut Savonarolam egisse, ut sibi a sociis revelarentur Sacramentales Poenitentium Confessiones, aut eum vitae impuritate laborasse, prout nonnulli et ante obitum et post obitum ejus ausi sunt asserere; legitimis nihilominus constitit documentis, necnon ipsius Rei confessione, illum Pontificiis non obtemperasse mandatis, audientes e suggestu saepius concitasse adversus Romanae Curiae vitia, se prophetam a Deo missum dixisse, et alia nonnulla peregisse, de quibus apud Raynaldum in Annal. ad ann. 1497, num. 17 et seq., et ad ann. 1498, num. 10 et plurib. seqq, et apud Spondanum in continuat. Annal. Card. Baronii, ad ann. 1498 num. 7 et 8.

18. Multa profecto a Postulatoribus allata fuerunt, ut ostenderent, factum nullatenus esse probatum, Dei Servam preces exhibuisse Fratri Hieronymo Savonarolae jam defuncto; tum ad ulteriora procedentes, et omnibus omissis, quae pro innocentia Savonarolae vindicanda a pluribus

scripta sunt, dixerunt, eum, dum viveret, sanctitatis fama claruisse, teste Philippo Comineo in Memoriis, lib. 8 cap. 2. Hoc ipsum fusius scriptum est a Gotofredo, in Observat. ad dictum lib. 8, a pag. 414 ad pag. 435, num. 2, a Francisco Guicciardino in Hist. Italiae, a Scipione Ammirato in Hist Florentina, ab Antonio Maria Gratiano in lib. de casibus virorum illustrium, a Cardinali Rofensi Joanne Fischerio, oper. part , a Timotheo Bottono Perusino in vita Savonarolae, a Sixto Senensi in Bibliotheca, a Raynaldo demum, et Spondano, locis citatis: ut interea silentio praetereatur epistola S. Francisci de Paula, de qua t. 2. vitae Hieronymi Savonarolae, in additionibus Joannes Quétif, Ordinis Praedicatorum, tom. 2 pag. 531, quae olim asservabatur in Sacrario ecclesiae S. Caeciliae Urbis, et modo custoditur in bibliotheca familiae Chisiae, quam commentitiam putat Papebrochius, sed uti veram vindicat vir satis eruditus, tunc Episcopus Ravellensis et Scalensis, Joseph Maria Perimezzi, Dissert. 10 ad vitam S. Francisci de Paula. Item dixerunt, Savonarolam in communione Sanctae Romanae Ecclesiae decessisse, sacra Exomologesi tam ipsum quam socios humiliter conscientiam expiasse, Eucharistiam recepisse, oblatamque a Summo Pontifice Indulgentiam plenariam in articulo mortis, cum gratiarum actione suscepisse, testibus Joanne Pico, Timotheo Bottono in vita Savonarolae, Jacobo Nardo, et Bzovio ad ann. 1498 num. 23. Ex his autem, et aliis intulerunt, potuisse, Dei Servam absque peccato privatas preces exhibere Savonarolae. Ad rem enim, de qua nunc agitur, hoc est ut a peccato excusetur, qui privato cultu aliquem Defunctum, quem putat apud Deum intercessorem, colit et veneratur, satis est, ut maxime probabilis de ejus aeterna salute non desit opinio, juxta bene deducta per Suarez de relig. tom. 2 lib. 1. cap. 10. sub num. 24.

19. Addiderunt iidem Postulatores, alios quoque et sane cordatos sanctosque viros, hoc ipsum fecisse, quod a Dei Serva factum est. Narrat enim Bzovius ex probatis testibus ad ann. 1497 num. 19, S. Philippum Nerium Imaginem Savonarolae in sacrario sui cubiculi radiis in capite circumdatam retinuisse. De eodem quoque S. Philippo Nerio narratur, excitata de doctrina et libris Savonarolae tempore Pauli IV. Summi Pontificis gravissima controversia, ipsaque magnis animorum motibus agitata tempore Summi Pontificis Pii IV., illum preces ad Deum fudisse, ne opera prohiberentur, et ut inconsussa staret eorum doctrina; antequam autem reportatae victoriae nuntium adveniret, Deo revelante, victoriam cognovisse, et exclamasse: Ileus, gratias agamus omnes Altissimo. Vicimus, Fratres. Frustra contra Hieronymum, ejusque doctrinam arictarunt Adversarii. Stat inconcussa illa, Santissimique Domini nostri judicio comprobata. Sic enim legitur in ejus vita scripta a Patre Gallonio; in qua, quamvis factum narretur, mentione Hieronymi omissa, revera tamen revelationem contigisse occasione disputationis, et reportatae victoriae de scriptis Savonarolae, non modo testatur Amplificator vitae ipsius scriptae a Pico cap. 13, sed etiam referunt testes nonnulli recensiti in processu canonizationis St. Philippi Nerii.

20. Major suffragantium numerus, et quidem fere unanimis, vim responsionis agnoscebat et confitebatur. Sed, cum aestu disputationis nonnulli abrepti non modo virtutum in via et in obitu, sed etiam mortis absque legitima causa Savonarolae et sociis illatae, licet in transitu, verba facere coepissent, quod tamen mortis absque sufficienti et legitima causa argumentum non solum erat vero fundamento destitutum, sed etiam aut nihil, aut parum prodesse poterat pro vindicando facto Servae Dei (pro hac quippe assumpsione satis esse poterat et erat, quod Savonarola pie vixisset, et in exitu vitae, poenitentiae non

ambigua signa dedisset, et mortem ea qua debebat
Christiana humilitate acceptasset, et in vita et post
obitum fama de ejus sanctitate increbuisset) de relata
ad San. mem. Benedictum Papam XIII, placuit Sanctitati suae, postquam
omnia summa diligentia et prudentia examinavit, et postquam omnia,
quae utrinque allata fuerant, a me tunc Fidei Promotore fideliter scriptis brevioribus commissa perlegit, ne de justitia, vel injustitia condemna-
tionis Savonarolae quaestio jam olim excitata, et quasi extincta revivi-
ceret, decretum edere, in quo, imposito super prece a Dei Serva exhi-
bita Savonarolae silentio, ita ut ex ea nihil amplius deduci posset pro
vel contra ejus causam, mandavit, ut ad ulteriora in ea procederetur;
quod decretum fuit a San. mem. Cemente Papa XII. confirmatum (de
Serv. Dei beatif. lib. III, C. XXV. No. 17 et sqq.)

Benoît XIV. a confirmé lui-même ces décrets, en inscrivant comme
pape, Catherine de Ricci au nombre des Saints.

ELENCHUS SANCTORUM, BEATORUM DEI, VIRORUMQUE ALIORUM SANCTITATE VENERA-BILIUM ET ILLUSTRIUM.

Hieronymus Savonarola flamma combustus fuit Florentiae, praevia
sententia Judicum Delegatorum ab Alexandro VI., l. 3. C. 25, n. 17,
Eum vindicarunt Joannes Franciscus Picus Mirandulanus, et Marcilius
Ficinus Ibid. Cum eidem in privata Oratione se commendaret quaedam
Serva Dei, quid circa hoc sentiendum sit. n. 17 usque ad num. 20.
Eumdem veneratus est S. Philippus Nerius, et pro ejus doctrina preces
ad Deum fudit, ne ipsius opera prohiberentur, quod tempore Pii IV. ob-
tentum fuit, agitata primum controversia sub Paulo IV. quae dictus
Sanctus praescivit miraculose n. 19. De praefati Savonarolae obitu, ejus-
que justitia, vel injustitia nihil amplius proferendum esse praecipit Benedictus XIII. quod confirmavit Clemens XII. n. 20. In ejus causa, cri-
minis per ignem probatio rejecta fuit, 1. 4, p. 1, c. 24, n. 4. (de Serv,
Dei canoniz.)

Anhang Nr. III.

Brief über Savonarola, der dem heiligen Franz von Paula zugeschrieben wird.

„An den hochachtbaren und tugendhaften Herrn, Herrn Simon von Limena,"

„Die Gnade des heiligen Geistes sei immer mit Ihnen!"

„Die Ueberbringer des gegenwärtigen Briefes sind zu mir gekommen,
„um mir einen anderen Brief zu überbringen, den ich Ihnen zugleich mit
„diesem übersende. Die Person, welche mir schreibt, ist ein Religiose aus dem
„Orden der Predigerbrüder, welcher augenblicklich in der Seelsorge beschäftigt

„ist, und dessen Herz von Eifer für die Ehre Gottes und das Heil der Seelen
„ganz entflammt zu sein scheint. Da aber sein Brief in lateinischer Sprache
„geschrieben ist, und ich diese Sprache nie studirt habe, so bitte ich Sie, mein
„Herr, den Brief selbst zu beantworten, und darin den einen oder den anderen
„Lehrpunkt über die heilige Schrift zu behandeln; Sie sind ja gelehrt in
„Allem. Was mich betrifft, der ich nur ein Unwissender bin, so werde ich ihm
„so gut wie nur möglich antworten, und wie es dem heiligen Geiste gefallen
„wird, mir es einzugeben. Dieser Pater, wie Sie aus seinem Briefe ersehen
„werden, heißt Frater Hieronymus von Ferrara. Sobald ich seinen frommen
„Brief erhalten hatte, warf ich mich zu den Füßen des Gekreuzigten, und bat
„die göttliche Majestät die Gnade zu erweisen und mich erkennen zu lassen,
„welches das Leben und der Tod dieses Religiosen sein würde, der, ohne mich
„je gesehen zu haben, mir mit so zärtlichem Vertrauen schreibt.

„Die göttliche Weisheit hat mir, nicht durch meine Verdienste, sondern
„durch ihre erbarmungsvolle Güte und durch die Gebete dieses heiligen Man-
„nes das gewährt, was ich zu wissen wünschte.

„Dieser vortreffliche Mann, dessen Frömmigkeit aufrichtig, dessen Bered-
„samkeit wunderbar und dessen Eifer für die Ehre der Religion sehr groß ist,
„wird einige Klöster seines Ordens reformiren und darin die Ordensdisciplin
„zur Blüthe bringen; er wird das Publikum durch mehrere schöne Werke be-
„lehren und erbauen. Er wird mit vielem Nutzen predigen, besonders in Flo-
„renz, wo man ihn zu hören sich herandrängen wird; Viele werden aus seinen
„Unterweisungen und aus seiner weisen Leitung Nutzen ziehen, und sich den
„Uebungen eines bußfertigen und wahrhaft christlichen Lebens unterziehen. Da
„jedoch die Zahl der Undankbaren und Gottlosen heutzutage sehr groß ist, so
„werden sich nur zu Viele dieser Art finden, welche den Unschuld Fallstricke
„legen und sich bemühen werden, durch Verläumdungen einen Mann anzu-
„schwärzen, dessen Ruf ohne Makel ist. Man wird diesen heiligen Mann beim
„Papste verklagen, man wird ihm falsche Verbrechen zur Last legen, und, auf
„die Aussage einiger falscher Zeugen hin, wird er in's Gefängniß geworfen,
„zwischen zwei Gefährten an einem Galgen aufgehängt und nach seinem
„Tode verbrannt werden. Und in der Befürchtung, man möchte ihm Ehrfurcht
„seine Gebeine oder seine Asche sammeln, wird man dieselben in den Arnofluß
„werfen. Ein kleiner Theil davon wird indeß erhalten bleiben, und der gött-
„lichen Güte zum Werkzeuge dienen, um mehrere Wunder zu wirken. Uebri-
„gens wird der Diener Gottes nicht sterben, ohne dem Volke von Florenz
„mehrere Uebel angedroht zu haben, die bald eintreten werden, u. s. w.

Geschrieben in Paula, den 13. März 1479.

Der arme und geringste Diener Christi,

Bruder Franziskus von Paula.

Anhang Nr. IV.

Breve des Papstes Alexander VI. an Savonarola.

Dilecte mi, salutem et apostolicam benedictionem. Inter ceteros
vineae Domini Sabbaothis operarios Te plurimum laborare multorum re-
latu percepimus. De quo valde laetamur et laudes omnipotenti Deo re-

ferimus, qui talem gratiam in humanis sensibus praebueiit. Nec dubita-
mus Te ea habere divino spiritu, qui gratias immortales distribuit, et
posse in populo christiano verbum Dei seminare, et fructum centuplum
lucrifa ere. Quomadmodum per aliquas litteras hujus thematis et propositi intelleximus, ea Te in tuis praedicationibus populo indicare, quae
servitutis Dei esse cognoscis, et nuper propalam nobis relatum est, Te
postmodum in publicis sermonibus dixisse: ea quae cuncta futura nun-
tias, non a Te ipso aut humana sapientia, sed divina revelatione dicere.
  dcirco cupientes, sicut nostro pastorali officio compedit, super his Tecum
loqui, et ex ore Tuo audire, ut, quod placitum est Deo, melius per Te
cognoscentes peragamus, hortamur atque mandamus in virtute sanctae
obedientiae, ut quam primum ad nos venias, Videbimus Te paterno amore
et caritate.

  Datum Romae apud S. Petrum, die XXI julii MCCCCXCV.

  B. Floridus.

REPONSE DE SAVONAROLE A ALEXANDRE VI.

  Beatissime Pater, post pedum oscula beatorum. Etsi majorum
semper mandatis obtemperandum esse novi, quum scriptum sit: Qui
vos audit, me audit, scio tamen eorum potius mentem quam verba
pensanda .... Ego igitur, qui dudum cupio videre Romam, quam nunquam vidi, ut limina apostolorum Petri et Pauli, aliorumque Sanctorum
reliquias ac Beatitudinem vestram coram venerari queam, majori nunc suc-
census sum desiderio ex occasione mandati Sanctitatis Vestrae, quae minimum vermiculum ad se vocari dignata est. Tum quia plurima obstant,
causas illi rationabiles afferre conabor, u sciat me necessitate, non voluntate detineri, quo minus in praesentia paream mandatis a me liben-
tissime ac reverentissime susceptis. Primum igitur vetat corporis infir-
mitas, febris scilicet et dissenteriae, quas modo passus sum. Deinde
assiduos corporis et animi aestus pro hujus civitatis salute, hoc praser-
tim anno susceptos, adeo stomacho ceterisque vitalibus membris debili-
tatus sum. ut aliquid laboris amplius tolerare nequeam. Quinimo a praedicationibus et studiis ipsis abstinere oportet ex consilio medicorum.
Quorum atque aliorum virorum, communi sententia, nisi oportunis re-
mediis me curandum tradidero, brevi mortis periculum incurram. Sed
quum civitatem hanc a non medi cri sanguinis effusione, et a multis
aliis noxiis mea opera Dominus liberaverit, et ad concordiam legesque
sanctas revocaverit, infesti facti sunt mihi tanti in civitate, quanti
existunt iniqui homines, cum cives tum alienigenae, sanguinem humanum
sitientes, qui extollere cornu suum et in praedam atque servitutem civitatem hanc occupare ardentissime affectabant, et opinione sua frustrati,
vehementissime mihi irati sunt. Saepe quoque nunc veneno, nunc gladio
in perditionem meam conspirarunt, ita ut extra limen sine custodibus
tute ferre pedem non possim. Atque imo ubi me ad regem Francorum
contuli tam fidissima custodia munitum, non passi sunt cives hi qui rempublicam suam diligunt, me suae jurisdictionis limites transire. Et quam-
quam in Domino confido, tamen ne tentare Deum videar, debitas cautio-
nes non contemnendas judicavi, cum scripium sit: Si vos persecuti
sunt in una civitate, fugite in aliam. Insuper nova hujus civitatis reformatio, quam Lominus operatus est, infirmas adhuc radices habet,
ut, nisi quotidie roboretur et alimetur, facile anhelantibus pessimis hominibus, detrimentum et eversionem incurreret. Cum itaque judicio omnium prudentium et proborum virorum, discessus meus maximae jacturae
hinc populo, et Medicae sectae utilitatis foret, credo Sanctitatem Vestram

exigui temporis dilationem non moleste habituram, dum hoc caeptum perficiatur opus, cujus gratia haec impedimenta, ne proficiscar, nutu divino accidisse aequidem certus sum: non enim est voluntas Dei, ut ad praesens hinc abeam. Spero autem brevi tempore adfuturum .... Quod si forte nunc de rebus futuris, circa Italiae excidium et Ecclesiae renofationem, a me publice praedictis, Sanctitas Vestra certior fieri optat, ex libello, quem modo imprimendum curavi *), eadem plene scire poterit. Et quam primum perfectum erit opus, Sanctitati Vestrae mittendum Iradam, ex quo quidquid a me audire possit, plenissime accipiét. Nec enim alia, quam quae in eo conti.entur, mihi profari concessum. Sola enim, quae praecepta sunt, exposui, quae autem in arcano habenda sunt, nulli mortalium aperui fas est. Illa autem edere scriptis procuravi, ut constet universo orbi, si minus eadem successissent, me falsum fuisse prophetam. Si vero juxta praenunciata evenerint, gratiae agantur Deo Salvatori nostro, qui eam de salute nostra soilicitudinem habere ostendit, ut neminem, si fieri possit, perire velit in aeternum. Demum rogo Beatitudinem Vestram, ut excusationes meas verissimas et manifestas admittat, et sibi persuasum habeat, me nihil magis optare, quam Eidem parere et obsequi, et non me supra vires meas ulterius gravet. Egomet ipsi mihi stimulus ero, quam primum, sublatis justis impedimentis, satisfacere potero Beatitu- dini Vestrae, cui me humillime commendo.

Ex conventu S. Marci Florentiae, ultima julii 1495.

Anhang Nr. V.

Hieronymus Savonarola hat eine sehr große Anzahl Schriften moralischen, geistlichen und ascetischen Inhalts verfaßt. Folgendes ist das Verzeichniß derselben:

Der Triumph des Kreuzes, oder die Wahrheit der Religion, in vier Büchern; fünf Bücher von der Einfachheit des christlichen Lebens; drei Bücher gegen die Sterndeuterei; Erklärungen über das Gebet des Herrn und über den englischen Gruß; Abhandlungen über die Demuth, die Liebe Jesu Christi und über den Lebenswandel der Wittwen; ein Klagelied der Braut Christi, gegen die falschen Apostel, oder Ermahnung an die Gläubigen, zu beten für die Erneuerung der Kirche, und eine Predigt über diesen Gegenstand; sieben Gespräche zwischen der Seele und dem Geiste, und drei Gespräche zwischen der Vernunft und den Sinnen; zwei Bücher vom Gebete; Regeln des Gebetes und des christlichen Lebens, und eine Erklärung der zehn Gebote; eine Abhandlung über das Opfer der heil. Messe und seine Geheimnisse; ein Brief über die öftere heil. Kommunion; von den den Christen durch das Geheimniß und Zeichen des Kreuzes verliehenen Wohlthaten; eine Rede über die Art und Weise, wohl zu leben und nach Gott zu streben; ein Brief an seinen Vater über seinen Eintritt in den Orden des heil. Dominicus; von der Vollkommenheit des Ordensstandes; Regeln, um vernünftig im Ordensstande zu leben; mehrere Briefe an die Brüder seiner Congregation; von der geistlichen Lesung, an die Schwestern vom dritten Orden des heil. Dominicus; eine Rede, gehalten beim Empfange des heiligen Sakramentes nach seiner Verurtheilung; Abhandlung über die Stufen, um zur Vollkommenheit des geistlichen Lebens zu gelangen; sieben Regeln, die von allen Ordenspersonen beobachtet

---

*) Compendium revelationum.

werben follen; Gebet oder Betrachtung über den Pfalm Diligam te, Domine; eine Abhandlung über das Geheimniß des Kreuzes; Betrachtungen über den breißigsten, fünfzigsten, neunundsiebzigsten und mehrere andere Pfalmen; Handbuch und Unterweisung für Beichtväter; Predigten auf die Sonntage des Jahres und die Feste der Heiligen; Fastenpredigten-Cyclus, aus achtundvierzig Predigten bestehend; Homilien über die Bücher Erobus, Ruth, Esther, Job, über das Hohelied, über die Propheten Ezechiel, Michäas, Agäus, Amos, Zacharias, über die Klagelieder des Jeremias, über den ersten Brief des heiligen Johannes; mehrere Reden über verschiedene Gegenstände, drei Vertheidigungsbriefe an Papst Alexander VI.; eine Vertheidigungsrede, welche zum Vorspruche die Worte des siebenten Pfalmes hat: Herr, mein Gott, auf dich hoffe ich; eine Schutzschrift für die Brüder der Congregation von St. Marcus; neun Gespräche über die prophetische Wahrheit; ein Compendium der Offenbarungen, und mehrere Briefe geistlichen und ascetischen Inhaltes.

Alle diese Werke, zum größten Theile italienisch geschrieben, wurden in Florenz und an anderen Orten gedruckt. Er hatte noch Commentare geschrieben über mehrere Bücher der heil. Schrift; eine Abhandlung über die Regierung der Republik Florenz; Abhandlungen über Moraltheologie, über den Wucher, die Simonie, den Diebstahl, die Vertheidigung des Nächsten u. s. w. — „Die Werke dieses Schriftstellers, fügt Dupin hinzu, sind voll Salbung und Grundsätzen der Frömmigkeit; er redet darin frei gegen die Laster und lehrt die reinste und erhabenste Moral." (Dupin, Auteur du XV. siècle, I. part.)

Anhang Nr. VI.

Responsio Fratris Hieronymi Savonarolae ad Alexandrum Papam Sextum.

Beatissime Pater, post pedum oscula beatorum. Quam ob causam Dominus meus irascitur servo suo, aut quod malum, quod feci, est in manu mea? Si filii iniquitatis injuste detrahunt mihi, cur non Dominus meus servum suum prius interrogat aut audit, quam credat? Difficile est enim jam inclinatum in adversam partem animum dissuadere. Circumdederunt me canes multi, concilium malignantium obsedit me, et dicunt mihi: euge, euge non est salus illi in Deo ejus. Nam vice Dei Sanctitas Vestra fungitur in terris, cui me crimine laesae majestatis accusant, comminiscentes quod Illam maledictis carpere et lacessere non desinam, et verba mea multipliciter detorquent et sacrilege pervertunt. Idem superiori biennio factitatum est; sed exstant multa millia auditorum in testimonium innocentiae meae, exstant et de ore mei pronuntiantis verba, ut reor, fideliter excepta partimque librariorum et impressorum opera ubique vulgata. Proferantur, legantur, examinentur si quicquam est, quod Sanctitatem Domini mei offendat, quod toties illi falso detulerunt. An aliud publice dictum a me, an aliud scriptum velim, ut apertissimae contradictionis convincar? Quod consilium, quae utilitas, quae tam vesana mens moliatur? Miror quomodo Sanctitas Vestra illorum rabiem et nequitiam non deprehendat. Qua fronte, qua conscientia concionator iste egregius et sublimatus crimen, cujus ipse maxime reus est, insonti mihi objecit? Jam enim illius dicta aperire necessitas cogit: adsunt enim testes locupletissimi, qui illum alias ex pulpito contra Sanctitatem Vestram apertissime debacchantem audierunt : et ne¯ mentiri credar, si oportuerit, notarii fidem in productione meritorum testium adhibebo. Atque ejus insolentiam jam coarguisse et damnasse memini, quum non liceat in quempiam vel minimum, tanto magis in principem et pastorem omnium invehi. Quis enim tam animo demens haec nesciat? Non sum adhuc Deo dante tam excors, ut mei sim oblitus, et Vicarium Christi in terris praecipue observandum nullo proposito, nullo negocio nullaque occasione ultro provocare et contemnere ausim.

In reliquis autem nihil praeter catholicam fidem, et quidquid Sancta Romana ecclesia approbat, a me unquam prolatum est, cujus castigationi semper me subjeci, et quoties oportuerit iterum atque iterum me subjicio: quo praeter poenitentiam peccatorum et emendationem morum ex fide Domini nostri Jesu Christi totis viribus exclamo, dum paene exstinctam fidem in cordibus hominum revocare contendo. Ac propediem Deo dante opus „de Triumpho Christi" in assertionem fidei a me edetur, ex quo manifeste apparebit, an ego haeresium, quod obsit, an catholicae veritatis sim disseminator. Non ergo velit Beatitudo Vestra invidis et maledicis nisi facto prius rei periculo fidem adhibere, quam plurimorum hactenus mendaciorum palam coargui possint. Quod si humana defuerint auxilia, iniquitate impiorum praevalente, sperabo in Deo adjutore meo, atque universo orbi terrarum constare faciam illorum nequitiam, ita quod suscepti propositi quandoque forsitan eos poeni*ebit. Me Beatitudini Vestrae humillime commendo.

Ex conventu S. Marci Florentiae, die XXII. Maii 1497.

Anhang Nr. VII.

Lauda composta per Riconoscimento del primo e secundo miraculo, fatto dal Signore Sopra Catarina de' Ricci, mediante le prexo delli vitoriosissimi martiri beato Jeremiae ete.

Quel vivo amor, che ti commosse 'l petto
A render alla ancilla sanitade,
Quello ti muova, Padre mio diletto,
A crescer nella figlia la boutade.
A te ricorro, perchè la pietade
Cognosco viva dentro alla tuo' alma;
E spero per te, Padre, aver la palma
Contro l' astuzia del gran seduttore.

Riscalda 'l petto con la fiamma ardente,
E la speranza dentro al cor ravviva;
Alluma con la fede le mie' mente,
E Gesù sposo in mezzo al cor si scriva.
La dolce pace, che nostre alme adviva,
E purità che fa le spose oneste,
L' umiltà vera, come sopravveste,
Ancor ti chieggio, dolce genitore. *)

*) Voir Marchese- Scritti vari, page 410.

Anhang Nr. VIII.

Epistola senatus Florentini ad Alexandrum Papam sextum in defensionem Fr. Hieronymi.

Sanctissime et beatissime Pater. Ut primum de literis Sanctitatis Vestrae nuncium accepit Hieronymus Savonarola, qui in his ‚filius iniquitatis" appellatur, ab ecclesia majori, ubi populum religionem et bonos mores docebat, in monasterium suum rediit tantisperque falsis detrahentium calumniis cedere decrevit, donec defervesceret ira Sanctitatis Vestrae, et ceritore nuncio intelligeret non esse vera haec, in quibus accusatur: in periculum animarum Christi fidelium perniciosos gravesque errores disseminare, et in plurimorum scandalum praedicationes suas afferre. Nos enim testari possumus hunc optimum in vinea Domini fossorem eos fructus ex ea collegisse, quos nulli hactenus nostra aetate collegerunt Et ut altius repetamus, si vera sunt quae dicuntur: Annunciate quae futura sunt nobis et dicemus, quod Dii estis vos, hunc certe supra hominem existimare nos oportet, qui octo jam annis multa praedixit, quae nobis eventura erant. Interim nunquam cessans ad meliorem religionis cultum nos emendare, facileque docendo, scribendo et praedicando effecit, ut deleto, si quid erat in nobis, omni malo habitu, ad sanctiorem vitam proficeremus. Idque continuo peragens, zelo domus Dei facile multorum inimicitias in se contraxit, qui magis oderunt lucem, quam tenebras, quorum falsis calumniarum suggestionibus permota Sanctitas Vestra, noxium hunc christianae religioni credidit, cujus tamen in ea fructus ii sunt: docere omnes justitiam, hortari cives nostros aequali quodam jure et populari uti, insidias omnium in rempublicam nostram detegere, nec pati contra jus civitatis nostrae plura aliquem sibi occupare, docere parentes optimam filiorum eruditionem, ut digni christiano nomine evadant, persuadere mulieribus deposito omni ornatu corporis sequi Christum, pueros nil magis nosse, quam gesta Sanctorum Christi, pauperibus victum, pupillis viduisque jus suum vindicare, et omnes indignos christiano nomine, societate et coetu nostro expellere, pro quibus facile multorum civium et alienorum offensionem subiens accusatus est, demoliri muros Hierusalem, non tam quia nos pereamus de via justa amisso religionis duce, quam quia civilium discordiarum hanc causam habeamus, quae unica illis relicta est via ad ambitionem suam et nocendum nobis. Grave autem nobis est, non posse nos mandatis Sanctitatis Vestrae facile parere, ne rem indignam civitate nostra videamur fecisse, et tanquam ingrati in hominem de nobis optime meritum arguamur. Accedit hoc non posse sine populari discordia et periculo multorum tentari: tot tantorumque civium animos sua integritate sibi conciliavit. A qua re scimus abhorrere Sanctitatem Vestram, nec passuram unquam nos nostro tam ingenti periculo mandatis suis parere. Dolemus etiam Sanctitatem Vestram a voluntate Sua in nos destitisse ob haec: siquidem paucis diebus accepimus ex literis oratoris nostri, quam parato animo Ea esset ad instaurationem reipublicae nostrae, nunc vero, ut ajunt, momento temporis ea nobis mandari audimus, quae sine dedecore et periculo nostro praestare non possumus. Quod reliquum est, beatissime Pater, Sanctitatem Vestram oramus, ne derelinquat nos, sed causam nostram eo favore prosequatur, quo hactenus prosecuta est, neque velit his mandatis civitatem nostram miscere, et in aliorum utilitatem ruinas nostras alere. Nos in his eam rationem servabimus, ut quales semper fuimus in ecclesiam et fidem catholicam, tales et nunc reperiamur, id tamen significantes, magis cordi nobis esse rempublicam nostram, quam aliorum commoda, quo animo desideramus esse etiam Sanctitatem Vestram: sic enim securius illi et utilius toti Italiae erit. Commendamus nos, urbem, et populum nostrum, humillime Clementiae Sanctitatis Vestrae. Ex Palatio nostro, die IV. Martii 1497.